MW01126907

LIBRO DE HISTORIAS DE LA BIBLIA PARA LOS PEQUEÑOS

Historias verdaderas de la biblia para niños, sobre Jesús y el Nuevo Testamento, que todo cristiano debe conocer

CARMEN BETANCUR

Tabla de Contenidos

Introducción

¡Felicidades por tu descarga del Libro de Historias de la Biblia Para los Pequeños: Historias Verdaderas de la Biblia para Niños, sobre Jesús y El Nuevo Testamento, que Todo Cristiano Debe Conocer!

Esta Biblia para Principiantes es presentada como un medio educativo, dirigido a los niños y niñas, que enseña sobre el ministerio y vida de Nuestro Señor Jesucristo. Abarca desde su Nacimiento, Ministerio, Muerte, Resurrección y Ascensión, hasta el surgimiento de la Iglesia Cristiana que continuó practicando sus enseñanzas. Es la Más Grande Historia Jamás Contada, donde se narra sobre el protagonista, Jesús, que salvó a la humanidad de sus pecados, y trajo, para todos, una vida de seguimiento y respeto hacia la voluntad de Dios.

Los padres, que vivimos en un mundo tan ocupado, interesante, pero, al mismo tiempo, tan hermoso como caótico, solemos pensar, a veces, que no tenemos tiempo para Dios. Sin embargo, aquellos que creemos en él, conocemos esa paz en el alma que nos da la vida de oración. Nuestros niños también se enfrentan a los desafíos y decisiones diarias —inculcarles el amor de Dios en sus corazones es un regalo maravilloso para esa vida maravillosa que queremos para nuestros hijos. Rezar es un instinto natural para el niño. Aún si criamos a los hijos para vivir de acuerdo a los principios, y para que hagan el bien, es vital que les enseñemos también sobre la importancia y el poder de la oración. Los padres son Dios para los niños, pues resuelven sus necesidades sin que ellos lo pidan; así desea Dios que lo consideremos: como un padre que vela por nosotros.

Debido a su inocencia y disposición a aceptar Sus Palabras, Jesucristo tuvo siempre un amor especial por los niños. Dios en el Viejo

Testamento prometió que, si los padres criaban a sus hijos con Fe en Sus Enseñanzas, los niños tendrían una base firme que les duraría toda la vida. Dios nos ve a todos como sus Hijos, sin importar cuántos años de edad tengamos; nos ama a cada uno de nosotros, y solo nos desea lo mejor de lo mejor.

Las historias sobre Jesucristo, y sus acciones en la tierra, son presentadas en un formato simple, sencillo, apto para el estudio, o para ser leído en la cama a los niños. Hemos usado palabras simples, con explicaciones, de las partes más difíciles, para que los niños puedan entenderlo todo.

Las Escrituras en cursiva de este libro, provienen de la Nueva Biblia Estándar Americana. Algunas de las Escrituras incluidas en las historias, han sido parafraseadas para facilitar su comprensión y enseñanza.

La Biblia es uno de los milagros más grandiosos que Dios nos dejó, y está escrito para que ahondemos, a niveles muy profundos, en la compasión que Dios siente por todos sus hijos. Es nuestro deseo que este libro propicie en sus lectores un viaje, para toda la vida, al lado de Dios; para amarlo como padre, para el renacimiento como Hijos de Dios. Y, cuando llegue la hora, para permanecer toda la eternidad con él y Jesucristo en el Paraíso.

Existe un sinnúmero de literatura sobre este tema en internet... ¡así que apreciamos genuinamente que hayas elegido este libro!

¡Te aseguramos que hemos hecho todo lo posible para que este libro sea superior, y esté repleto de detalles que sabemos te encantarán!

Capítulo Uno:
Visitada por un Ángel

"Concebirás en tu seno y darás a luz a un hijo, y lo llamarás Jesús. Él será grande, será llamado Hijo del Altísimo; y el Señor le dará el trono de su Padre David, y reinará sobre la Casa de Jacob para siempre, y su Reinado no tendrá fin." (Lucas 1:31-33).

Hace mucho, mucho tiempo, en un diminuto país llamado Israel, había una hermosa muchachita llamada María. Ella vivía en una aldea pequeña, donde vivían también muchos granjeros, llamada Nazareth. Todas las tierras que rodeaban al Mar de Galilea se componían de colinas, pequeñas aldeas pesqueras, y otros pueblos más grandes que conformaban en conjunto lo que se conocía como la Tierra de Galilea. Los habitantes de Galilea eran pacíficos; trabajaban duro, amaban a Dios e iban a su iglesia, conocida como sinagoga,

11

para alabar a Dios, y escuchar las lecturas de los viejos rollos que contenían las palabras de los profetas.

En las antiguas escrituras de los profetas (lo que hoy sabemos es el Viejo Testamento), se contaba que el Padre Todopoderoso creó a la humanidad, pero el primero de la estirpe humana, Adán, pecó contra Dios. Este pecado hizo que un ángel caído se hiciera con el control de la Tierra. Este ángel caído se llamaba Lucifer, pero terminó siendo llamado El Diablo, o Satanás. Por miles de años, Satanás trajo muerte y destrucción a todos los humanos, y las personas pidieron a Dios por un Mesías que los salvaría de sus pecados, y los haría volver hacia Él. Todos los antiguos profetas hablaron sobre este Mesías que vendría un día, y las personas esperaron, a través de los años, a que su Salvador naciera.

Dios escogió a un hombre llamado Abraham, como el Padre de la Humanidad, y le dio a él y a sus hijos, para siempre, La Tierra Prometida. Los hijos de Abraham crecieron, corrieron con muchas aventuras y desventuras; todo esto fue escrito y conservado en lo que hoy conocemos como *Viejo Testamento*, y los judíos llaman la Torá. Dios prometió a Eva que un niño rey nacería, y traería paz en toda la tierra. Los profetas profetizaron la Llegada del Mesías, y juraron que sería éste el rey prometido que los salvaría a todos.

María era muy inteligente, amable, y sus padres la criaron para que amara a Dios, y reconociera los Milagros que Él había obrado por sus antepasados. María conocía la historia de José, que salvó de la hambruna a los israelitas; también la de Moisés, que en Pascua abrió el Mar Rojo con ayuda de Dios para que pasaran sus hermanos y hermanas.

Por mala fortuna, en aquellos días, Nazareth, y el resto del país de los judíos, era dominado por el lejano, cruel reino de Roma. Aún si Roma se encontraba a mucha distancia, los gobernadores y soldados romanos que vivían en Israel eran quienes daban todas las órdenes. Los judíos

13

debían pagarle dinero al emperador romano, César Augusto, y al rey usurpador impuesto por el emperador, un hombre muy malo llamado Herodes. Nadie en Nazareth los quería, y todos odiaban tener que darles dinero para que se construyeran circos, palacios, y puertos en honor al emperador.

De hecho, una ciudad grande, a la orilla del Mar de Galilea, llamada Cesárea de Filipo, era una de esas ciudades construidas con dinero de los judíos. Otra ciudad más, llamada Cesárea, al oeste de Galilea, era un puerto importante construido por el Rey Herodes. En esta ciudad, se alzaban por todos lados unas estatuas gigantescas del emperador Augusto, y los habitantes de Cesárea adoraban a toda clase de dioses extraños.

María de Nazareth amaba a un joven que vivía en su pueblo. El nombre de este muchacho era José, y él era un carpintero. Como ya sabrás, un carpintero es una persona que construye cosas con madera, como mesas, sillas, camas, entre otras. Las personas de Nazareth admiraban mucho a José, pues él estaba siempre concentrado en su trabajo, y por eso construía los mejores muebles para las casas de las personas. José también amaba mucho a María. Así que, un buen día, él fue a casa de los padres de María, y les pidió que lo dejaran casarse con ella. Los padres de ella estuvieron muy felices, porque sabían que José era un buen hombre, un exitoso carpintero que cuidaría muy bien de María y de sus nietos.

María estuvo también muy feliz cuando sus padres dijeron que sí, y los novios comenzaron a prepararse para la boda. José debía arreglar su casa para que María contara con un lindo hogar; María debía coser su vestido de bodas, y comprarse las joyas hermosas con las que adornaría su cabello en el día especial.

Una noche como cualquier otra, María se encontraba recostada en su cama. Emocionada, pensaba en su boda, y en lo maravilloso que sería ser la esposa de José. Por lo que se sorprendió mucho... ¡cuando un hombre apareció de la nada en su habitación! El hombre le dijo: "No te asustes, María, porque no estoy aquí para dañarte. Soy un ángel, y mi nombre es Gabriel. Dios me ha enviado a decirte algo muy importante."

María sabía sobre los ángeles, pues lo enseñaban en la sinagoga. Así que confió de inmediato en el ángel. "Está bien, ángel Gabriel. ¿Qué has venido a decirme?

El ángel continuó: "Vengo a decirte que estarás embarazada. Tendrás a un bebé muy especial. Tu hijo será el Rey de Israel, como tu antepasado, el Rey David, y gobernará la tierra para siempre."

María, por las palabras del ángel, recordó el contenido de los rollos antiguos, en los que se leía la profecía sobre el rey prometido que defendería fiero como el león contra los mandones y crueles romanos, y gobernaría dulce como la miel a sus súbditos israelitas.

Sin embargo, María seguía muy, pero que muy confundida.

Estaba comprometida a José, sí. Pero aún no se casaba con él. Así que le preguntó al ángel Gabriel, cómo iba a ser posible que tuviera un bebé sin casarse.

Gabriel le dijo que no se preocupara. Para Dios no había imposibles. Dios quería un Hijo que pudiera llamar Suyo. El ángel agregó que una prima de María, Isabel, que vivía en otro pueblo cercano, tendría también un hijo pese a que ya era demasiado vieja para tener uno. ¡Eran milagros!

María aceptó lo que el ángel decía, y respondió a Gabriel: "He aquí la servidora del Señor. Que se haga según su palabra." Al instante, María quedó embarazada con el Hijo de Dios, y el ángel Gabriel desapareció justo como había llegado.

María pronto supo que el ángel decía toda la verdad: cuando visitó a su prima Isabel, ¡vio lo embarazadísima que se encontraba! Al darse un abrazo amoroso, pues las dos tenían algún tiempo sin verse, sus barrigas se encontraron, ¡y los bebés de dentro saltaron de contento! María decidió que se quedaría tres meses con su prima, ayudándole con los quehaceres de la casa para que así Isabel estuviera cómoda, y eso hiciera que el bebé naciera muy feliz.

Isabel le contó todos sus secretos a María: había estado muy triste porque pensó que cargaba una maldición, ya que había estado casada por muchos años pero nunca había tenido un hijo. El mismo ángel Gabriel de María se le habría aparecido a Zacarías, sacerdote del templo y esposo de Isabel. Gabriel le prometió a Zacarías que Isabel quedaría embarazada, y que tendrían un bebé. Este bebé sería especial. Se llamaría Juan, y anunciaría la llegada del Rey Prometido que venía después de él. Pero Zacarías no creyó al ángel, y él, en castigo, lo dejó mudo.

Mientras María estuvo viviendo con Isabel, su barriga creció, y creció. A los tres meses, debió decirle adiós a su prima. Al volver a Nazareth, María decidió que era hora de decírselo a su novio José. Por supuesto, que el muchacho carpintero se quedó muy enojado. No era posible que el bebé fuese suyo, se dijo él, porque aún no estaban casados. José se lo pensó por muchos días; amaba mucho a María, pero no podía ser el padre del hijo de otro hombre, así que la boda debería cancelarse.

Hasta que una noche, mientras José daba vueltas inquietas por su cama, tuvo un sueño. En este sueño, Gabriel, el ángel mensajero, le aseguró que el bebé de María fue concebido por Dios, y que necesitaban que él se casara lo más pronto posible con María.

Y entonces, cuando los preparativos estuvieron listos, José y María dieron una gran fiesta, y se casaron en Nazareth. Estuvieron muy felices, y mantuvieron el secreto del embarazo de María.

Meses después, Isabel tuvo a su bebé. Después de ocho días, Zacarías e Isabel llevaron al niño al templo. Cuando los sacerdotes preguntaron al padre por el nombre del niño, Zacarías, como aún no podría hablar, pidió una tablilla para escribir. Allí, él puso que se llamaría Juan.

¡De inmediato, Zacarías recuperó el habla! Y pasó muy contento todo ese día, alabando a Dios y su grandeza.

Capítulo Dos:
El Nacimiento de Jesús

"Ella dio a luz a un hijo. Lo envolvió en pañales y lo acostó en un pesebre porque no había lugar para ellos... Pero el ángel dijo: 'No teman, porque les traigo la Buena Nueva. Les ha nacido hoy, en la ciudad de David, un Salvador que es Cristo Señor.'." (Lucas 2:7. 10-11)

Después de que José y María se casaron, un soldado romano llegó a Nazareth. Sujetando una orden del emperador, el soldado les dijo a todos los nazarenos que debían viajar al lugar de origen de sus antepasados, para alistarse en el censo. Por si no lo sabes, un censo es una lista de nombres de las personas, donde se escribe dónde es que viven, y a qué se dedican. El emperador Augusto quería saber los nombres de todas las personas que vivían en Israel, y como José y María eran parientes lejanos del Rey David, debían marcharse a Belén para el censo. Belén era una pequeña ciudad cerca de Jerusalén.

María estaba embarazada, no le faltaba mucho para que naciera el bebé. Pero tenían que irse... o se meterían en graves problemas. José empacó todo en un carro, del que tiraría su caballo. María iría sentada atrás, en el carro, para que no se cansara. Muchas otras familias de Nazareth se les unieron, pues las personas, en aquellos tiempos peligrosos, no acostumbraban a salir solas de viaje. Conforme transcurría el camino, algunas familias fueron quedándose en los pueblos de los alrededores, pero otros acompañaron a José y María hasta Belén.

Ya estando en Belén, José dejó a María descansando en una fresca sombra, y se acercó a todas las posadas que albergaban visitantes. Para su mala suerte, ya todas las habitaciones estaban ocupadas. Por el censo, había ahora demasiada gente. José les dijo a todos que su esposa estaba embarazada, pero no pudieron ayudarlo; no había, simplemente, más lugares para quedarse.

En el último lugar en el que preguntó; José, muy desesperado, le dijo al posadero que necesitaba un lugar para acomodar a su esposa que estaba a punto de tener un bebé. El hombre, negando con la cabeza, le dijo que ya no tenía habitaciones, pero que contaba con un establo donde dormían sus caballos, asnos y ovejas. Podrían quedarse allí, si querían. José aceptó la oferta: María necesitaba un lugar seguro dónde descansar.

El establo contaba con una amplia zona libre al centro. Esta área era llamada pesebre, y estaba lleno de heno, agua y herramientas para alimentar a los animales. Las cuadras de los animales se situaban alrededor del pesebre. Olía dulce, por el heno, y el dueño lo mantenía muy limpio. José, con dulzura, ayudó a María a que bajara del carro. Con el heno en el pesebre, le fabricó a María una cómoda cama. El dueño vino a ellos con comida y agua; después de todo, aún si estaban en el establo, seguían siendo sus huéspedes.

Las colas de gente para el censo eran muy largas, y José y María debieron esperar por varios días antes de poder firmar. Uno de esos días, por la noche, María sintió que el niño se movía en su barriga... ¡Era la hora de que naciera! Muy pronto, el pequeño bebé nació. José lo tomó entre sus brazos para limpiarlo.

Después de eso, José lo envolvió en una manta que había sido mojada en agua con sal. Era la costumbre judía de aquellos tiempos; se consagraba así al niño a Dios, y se hacía el compromiso de criarlo siempre para que fuera bueno y honesto. La tela, a la que se llamaba pañales, cubría al niño mientras sus padres oraban por la salud y felicidad del bebé recién nacido. José recordó lo que el ángel Gabriel les había dicho: el Hijo de Dios debía llamarse Jesús.

Mientras el Hijo de Dios nacía en el pesebre, el ángel Gabriel voló por el campo que rodeaba a Belén. Un grupo de jóvenes, rodeados por un rebaño dormido de ovejas, disfrutaba de su cena al calor de una fogata. La tierra de Israel estaba llena de lobos y otros animales salvajes que se comerían a las ovejas si se estas quedaban solas, así que por eso los pastores las cuidaban a todas horas. Estos jóvenes pastores que comían sus cenas eran muy devotos de Dios, e iban a alabarlo todas las semanas a la sinagoga.

El ángel Gabriel se paró frente a ellos, brillando con una hermosa luz dorada. Los pastores se asustaron al ver al desconocido frente a ellos, pues nunca antes habían visto a un ángel. "No se preocupen," les dijo el ángel, sonriendo "porque vengo a darles una fantástica noticia."

"Esta noche, en Belén ha nacido un niño. Es el Mesías Dios prometido, el Rey de Reyes prometido a Israel. Vayan a la posada de Belén, y allí lo encontrarán envuelto en pañales, acostado en un pesebre con María, su Madre."

Un coro de ángeles, ante los sorprendidos ojos de los pastores, apareció junto a Gabriel. Con hermosas voces, cantaban todo tipo de alabanzas a Dios y su Hijo. Todos los ángeles juntos, entonaron: "¡Gloria a Dios en el cielo, y paz en la tierra a los hombres de buena voluntad!"

Cuando los ángeles desaparecieron, los pastores corrieron a toda velocidad hacia Belén. Ya en la posada, se dirigieron al establo y, justo como el ángel les dijera, encontraron al niño en pañales, durmiendo en los brazos de María. Los jóvenes se entusiasmaron tanto, que abrazaron a José, y besaron en las mejillas a María y al niño; comentaban entre ellos que Dios les había dado al nuevo rey, por lo que decidieron que debían contarle a sus amigos sobre Jesús, y la visita de los ángeles. Las personas que escucharon la historia de los jóvenes pastores, se sintieron muy felices. Nació en todos los corazones la esperanza, pues:

¡El Rey Mesías había llegado!

A la siguiente semana, José y María llevaron a Jesús al templo en Jerusalén. Según los ritos de aquellos tiempos, José compró dos palomas para el sacrificio. Mientras esperaban su turno para pasar al templo, los orgullosos padres se encontraron con dos personas especiales: Simón y Ana se llamaban. Estos dos amables ancianos les contaron, a María y José, que Dios les había prometido que no morirían sin antes haber visto al Salvador. Cuando Jesús despertó entre unos grandes bostezos, Simón y Ana comenzaron a llorar.

Simón pidió permiso a María, y tomó a Jesús entre sus brazos. Dijo él: "Señor, ya puedes liberar en paz a tu siervo, pues mis ojos han visto al Salvador. Será una LUZ REVELADORA PARA LOS GENTILES, y la gloria de Tu pueblo, Israel."

José y María se quedaron pasmados ante las palabras proféticas que Simón dedicaba al bebé Jesús.

Capítulo Tres:

Los Tres Visitantes Guiados por la Estrella

"Después de que Jesús naciera en Belén de Judea, en los días del rey Herodes, magos provenientes del este llegaron preguntando '¿Dónde está el rey de los Judíos que ha nacido? Porque hemos visto su estrella, y venimos a adorarlo.'." (Mateo 2:1-2)

Después del Nacimiento de Jesús, el censo estuvo firmado, y la pequeña familia pudo emprender el camino de regreso a Nazareth. Mientras Jesús, María y José se abrían paso por las arenas de Judea, un trío de hombres estudiosos de las estrellas, sabios astrónomos, se maravillaban por los eventos que contemplaban en el cielo. Los planetas se alineaban de maneras nunca antes vistas: el planeta Rey, Júpiter, se acomodaba con

Régulo, la más brillante estrella de Leo, la constelación del león. Estos hombres sabios se preguntaron qué querrían decirles los planetas con sus formaciones.

Cientos de años atrás, antes del nacimiento de Jesús, los astrónomos de un país llamado Persia habían sido profetizados por Daniel, un hombre muy sabio, de que nacería en Israel un Rey cuyo reinado no terminaría jamás. Dios revelaría su plan a las estrellas en sus constelaciones.

A los astrónomos encargados de estudiar los movimientos de los cuerpos celestes, por todos los secretos maravillosos que veían en el cielo, se les conocía como magos. Todos los magos conocían y confiaban en la profecía de Daniel, pues Daniel era un protegido de Dios que, por medio de sus sueños, conocía los secretos de los reyes. Los viejos magos enseñaban a los más jóvenes acerca de la profecía de Daniel, y todos escudriñaban el cielo, sin falta, cada noche, en busca de la estrella del Rey.

¡Y por fin aparecía! Los signos estaban en las estrellas, y éstas decían que el Rey había nacido. "Debemos ir a adorarlo", concluyeron los magos tras discutirlo un poco entre ellos. Se prepararon para el largo viaje desde Persia, y en las mochilas que sus camellos cargaban, guardaron objetos preciosos para dárselos como regalo al Rey recién nacido: oro, y unas especias raras conocidas como incienso y mirra.

Como la Estrella los guiaba hacia allá, los magos se dirigieron al reino de Israel, donde gobernaba el malo de Herodes, y pidieron ver al Rey recién nacido.

Herodes estuvo muy enojado con los magos: ¡él era el único rey de Israel! ¿De dónde sacaban estos extraños a un nuevo rey?

Los magos le contaron a Herodes sobre los signos en los cielos, y las profecías de Daniel sobre el Rey Eterno. También, que los rollos antiguos decían que este rey nació en Belén, en la ciudad de David, dos meses.

Como no obtuvieron ninguna ayuda del malo de Herodes, los magos se montaron de nuevo a sus camellos, y recorrieron la corta distancia que separaba a Belén de Jerusalén. Allí, preguntaron por el nuevo rey. Muchas personas en Belén conocían sobre Jesús debido a las historias increíbles que los pastores contaron a todos sobre esa noche. Así fue como los magos supieron que José y María solo visitaban Belén por el censo, y que en realidad ya habían regresado a su pueblo natal de Nazareth.

Los magos no se rindieron. Viajaron al norte del mar de Galilea, encontraron el pueblo de Nazareth, y, en él, a la casa de José el Carpintero. José, que se encontraba muy confundido, los dejó pasar. Los magos vieron, jugando en el suelo con su madre María, al pequeño bebé Jesús.

Los magos contaron, a los padres de Jesús, que venían de muy lejos para conocer al nuevo rey, y para honrarlo con obsequios. De las mochilas de los camellos, bajaron las jarras rebosantes con monedas de oro, las especias, y las telas preciosas. María se quedó muy conmovida ante las pruebas que Dios les daba, a ella y a José, sobre la identidad divina y real del pequeño Jesús.

Al irse los magos, Gabriel se apareció de nuevo en los sueños de José para advertirlo sobre Herodes. El rey malo, enojado con el bebé que, según él, le quitaría su trono, ahora buscaba a Jesús para matarlo. Herodes ordenaba la muerte de todos los niños menores a dos años que vivieran en las cercanías de Belén. Muchos niños murieron en esa época, pero gracias al aviso del ángel, José empacó su carro a toda prisa y huyeron a Egipto. Solo hasta que Herodes murió, Jesús, María y José pudieron volver a Nazareth sin nada que temer.

Capítulo Cuatro:

Jesús se pierde

"Tres días después, encontraron al niño en el templo, sentado entre los maestros de la ley, haciéndoles preguntas y escuchando las respuestas. (Lucas 2:46)

José y María hicieron un gran trabajo criando al niño Jesús. Puesto que José era un carpintero muy habilidoso, ganaba muy buen dinero que le permitía cuidar bien de su familia, y además usaron los obsequios de los magos para comprar muchas otras cosas. María tuvo más bebés, niños y niñas: entre los hermanos de Jesús se contaban a Santiago, José, Tadeo, y sus hermanas.

Jesús era como cualquier otro niño. Tenía los juguetes que José le construía con madera, y un grupo de amigos con los qué jugar. Tuvo que aprender a leer: fue a la escuela y a la iglesia para ser un niño listo.

Los judíos celebraban Pascua en primavera, Pentecostés en el verano, y los Tabernáculos en el otoño. Todos los judíos debían acudir en Pascua al templo, en Jerusalén, para honrar a Dios. Como fieles seguidores de las leyes de Moisés, José y María, además de llevar a la sinagoga a los niños cada fin de semana, acudían cada año a Jerusalén, y se quedaban allí los tres días santos de la Pascua.

Como era peligroso viajar en solitario, las familias de amigos se juntaban para acudir todos en una gran caravana a Jerusalén. Los hombres iban con los hombres, las mujeres con las mujeres, y los niños con sus amigos. Niñeros cuidaban de los pequeños, y se aseguraban de su bienestar. Por las noches, todos se reunirían alrededor de las fogatas para compartir la cena.

Durante la Pascua del año que Jesús cumplió doce años, la familia visitó Jerusalén. El templo de Jerusalén, construido con gigantescos bloques de piedra caliza blanca, con sus dos patios para gentiles y judíos, y la cámara del Sumo Sacerdote, donde en la Noche de las Noches se realizaban los sacrificios para expiar los pecados del pueblo judío, era tan hermoso que impresionaba año con año a todos los visitantes. El rey Herodes lo habría construido en el sitio exacto donde antes estuviera el templo del rey Salomón.

En la cena de Pascua, las familias se juntaban para comer el delicioso cordero, los panes sin levadura y los duros vegetales. Este banquete les recordaba el milagro de Moisés, que los salvó del Ángel de la Muerte, cuando éste sobrevoló Egipto matando a los primogénitos egipcios, y perdonando a los judíos. También los hacía pensar en el mar Rojo abriéndose para dejarlos tomar rumbo al monte Sinaí. Después del banquete, asistían al templo para recibir las bendiciones sacerdotales, y veían al Sumo Sacerdote, entrando a la cámara de los sacrificios, para pedir por el perdón de los pecados del pueblo judío.

Al terminar los días de Pascua, José y los hombres organizaron el viaje de regreso. Viajaron todo el día, y cuando llegó la hora de dormir, ya habían recorrido una buena parte del camino a casa.

María fue a ver a los niños. Allí estaban Santiago, José, Tadeo y las niñas, pero... ¿Dónde estaba Jesús? Sintiéndose muy asustada, María preguntó a todos, y pronto se echó a llorar. ¡Ni las niñeras se habían percatado de su ausencia!

"No puede ser" se desesperó María, pensando en todas las cosas que el ángel le había dicho "Hemos perdido a mi hermoso hijo, el rey prometido". José, para consolarla, le pasó a María un brazo por el hombro. "Regresaremos a buscarlo, no te preocupes", aseguró él con una sonrisa.

A la mañana siguiente, José y María dejaron a los niños a cargo de un amigo, y abandonaron el campamento para la búsqueda de Jesús; al anochecer, los padres llegaron de nuevo a Jerusalén. Como no era una buena idea buscarlo entre la multitud cuando estaba oscuro, se quedaron a dormir esa noche.

A la mañana siguiente, salieron a la ciudad para buscar al hijo perdido. Fueron de casa en casa preguntando por Jesús. Por fin, un hombre les dijo algo que los pondría sobre la pista correcta: "Creo que vi a un niño parecido a él, ayer en el templo". José y María, sorteando los callejones llenos de gente, corrieron juntos hacia allá. En la entrada, preguntaron a los guardias si habían visto a Jesús: ellos respondieron que sí, que había un niño como Jesús reuniéndose en ese momento con los sumos sacerdotes.

Los aliviados padres fueron conducidos a una sala, en donde encontraron a su hijo. Ahí estaba Jesús; rodeado por los fariseos y saduceos, que eran los sacerdotes más experimentados del templo, el niño les hacía preguntas sobre Dios y sus promesas sobre el Rey Prometido. Los sacerdotes también le hacían preguntas difíciles sobre las leyes e historias de los israelitas, e iban quedándose muy asombrados por las respuestas correctas que el niño les daba.

Al darse cuenta Jesús de que sus padres estaban en la habitación, se levantó corriendo a darles un gran abrazo. María lloraba de nuevo, esta vez de felicidad. José comenzó a regañarlo por separarse del grupo, e irse sin permiso. María le preguntó a su hijo: "¿Por qué te fuiste? Nos preocupábamos mucho al pensar que jamás te encontraríamos."

Jesús miró a sus padres, y les dijo: "Mamá, papá, ¿qué no se dan cuenta de que debería estar haciendo lo que mi Padre desea que haga?" José y María no entendieron de qué hablaba Jesús, pues él se refería a Dios. Sin embargo, estaban felices por tenerlo de vuelta, así que volvieron juntos a Nazareth.

Jesús fue a la escuela con los demás niños, y aprendió sobre Abraham, Moisés y los profetas, y sobre la historia de los judíos bajo el reinado de diferentes reyes. Creció hasta ser un muchacho, y después un adulto; asistiría a su padre en la tienda de carpintería, ayudaría a su madre, sería parte de la comunidad, iría cada fin de semana a la sinagoga y tendría sus propios amigos

¡Todos pensaban que Jesús era un joven excelente!

Capítulo Cinco:

Jesús es Bautizado

"Después de ser bautizado, Jesús salió del agua. Los cielos se abrieron, y él vio al Espíritu Santo bajando en forma de paloma para iluminarlo. Una voz, desde los cielos, habló: 'Este es mi hijo bienamado, en quien tengo mis complacencias.'." (Mateo 3:16-17)

Jesús era un joven de treinta años, aceptado como un adulto maduro en el seno de la comunidad judía. Y estaba inquieto. Había escuchado sobre su primo Juan, que se estaba volviendo una celebridad por todo el país de Israel. Juan había vivido por meses en el desierto, sobreviviendo con lo que Dios proveía: vestía una piel de animal salvaje, sujeta con un cinturón de cuero, y no comía más que langostas y miel.

Para cuando regresó del desierto, Juan viajó por todo Israel, enseñando sobre un Rey que estaba cerca. Algunas personas pensaban que Juan era el mesías que habían estado esperando todos esos largos años. Sin embargo, Juan lo negaba todo, diciendo que él no era más que el mensajero de aquel que estaba por venir, y que no era siquiera digno de atarle las correas de las sandalias.

El pueblo de Israel, su espíritu, estaba muerto. Por cuatrocientos años, no había habido un profeta en Israel. El último profeta, antes de Juan el Bautista, había sido Malaquías. Juan el Bautista predicaba la venida del Mesías, llamando "raza de víboras" a las personas de su tiempo. Malaquías profetizó la llegada de Juan: "He aquí que les enviaré un mensajero, y él preparará el camino del Señor".

Juan le decía a la gente que se bautizara en el río Jordán, pues le hacían saber a Dios, con eso, que estaban dispuestos a volver a su camino; él bautizaba con agua, aseguraba Juan, pero llegaría pronto el nuevo rey que los bautizaría con el

Espíritu Santo. Las personas lo seguían para escucharlo hablar sobre los profetas y el Mesías. En ese momento, Juan no sabía que estaba profetizando sobre su propio primo Jesús.

Dios le dijo a Jesús que debía reunirse con Juan a la orilla del río Jordán. Ahí, Jesús se sentó en la hierba con los demás, y escuchó a Juan predicando de los milagros que Dios había hecho por Israel, y de cómo era necesario que todos volvieran a Él. Cuando terminó de hablar, Juan ofreció bautizar a todo aquel que deseara hacerlo.

Jesús se levantó y caminó hacia Juan. Ambos se sonrieron antes de darse un fuerte abrazo, y Jesús dijo a Juan: "Me gustaría que me bautices." Juan negó con la cabeza, y respondió: "¡Tú deberías ser quien me bautice a mí!".

Jesús miró muy profundo a los ojos de Juan, y declaró: "Querido Juan, ya llegará el día en el que podré hacerlo. Pero este es el momento para que cumplas a los ojos de Dios con tu destino, y me permitas cumplir más tarde con el mío."

Juan lo condujo al río, y sumergió a Jesús en el agua. Cuando Jesús se levantó, el agua le escurría por el cabello, la barbilla y la ropa. Entonces, todos vieron cómo una paloma descendía del cielo, se posaba en la cabeza de Jesús, y desaparecía. Una voz profunda que venía de arriba, se escuchó con fuerza: "Este mi hijo bienamado, en quien tengo mis complacencias."

La multitud se maravillaba. Jesús y Juan se miraron sonriendo, y Juan abrazó de nuevo a su primo. En el momento en el que la paloma se posó en Jesús, él fue capaz de comunicarse directamente con su Padre, y comenzó así }con su propio y justo ministerio.

Desde ese día, Juan enseñaría a todos sus seguidores que Jesús era el "Cordero de Dios, que quita todos los pecados del mundo". Les dijo también, que se prepararan a seguirlo en su lugar, pues Jesús era el Hijo de Dios.

Capítulo Seis:
Jesús Escoge a sus Discípulos

"Mientras Jesús caminaba por la orilla del Mar de Galilea, vio a dos hermanos. Simón, llamado Pedro, y su hermano Andrés, arrojaban una red al mar, pues eran pescadores. Y Él les dijo: 'Síganme, y los haré pescadores de hombres.'."
(Mateo 4:18-19)

Dios llevó a Jesús al desierto, donde reflexionó por cuarenta días sobre el ministerio que llevaría a cabo, sobre las escrituras, su futuro sobre la tierra y las enseñanzas de su niñez. Casi al final de ese tiempo, el Diablo vino a Jesús. Primero lo tentó con comida, pues llevaba mucho tiempo sin probar alimento. Después, Satanás intentó que se arrojara por el abismo para que los ángeles de Dios lo salvaran. Al último, el diablo le aseguró que lo haría Rey del Mundo, más rico de lo que pudiera imaginarse, si tan sólo se postraba y lo adoraba. El Demonio podía hacerlo puesto que, por el pecado de Adam, Lucifer se había hecho con el control del mundo humano. Jesús respondió a cada tentación con la palabra de su Padre, y el Diablo no tuvo más remedio que marcharse con las manos vacías.

Al regresar Jesús del desierto, Dios le dijo que necesitaba un equipo que trabajara codo a codo con él. Jesús buscó a las personas que pudieran seguirlo y aprender de sus enseñanzas directas; sabía que miles lo seguirían, pero él quería a ciertos discípulos especiales a los qué enseñarles los secretos más profundos de Dios, y que continuarían esparciendo su Buena Nueva cuando él ya no estuviera.

Jesús preguntó a dos de los seguidores de Juan, creyentes de su naturaleza divina: "¿Por qué me siguen?"

Los hombres respondieron: "¿Dónde vives? Queremos que nos cuentes más sobre Dios." Jesús, entonces, los condujo a su casa, donde comieron, y se quedaron despiertos hasta muy tarde hablando de Dios. A la mañana siguiente, Andrés, uno de los antiguos seguidores de Juan, le dijo a Jesús que iría a por su hermano, pues también le encantaría conocer más sobre Dios.

Andrés regresó con su hermano Simón. Jesús, al verlo, le dijo que lo llamaría Pedro: Pedro significa "pedrusco". Pedro era un hombre impredecible. Un día era un creyente fiel y, al otro, se acobardaba. Algún día, Pedro negaría a Jesús: Él ya lo sabía, y por eso decidió llamarlo de esa forma. Andrés, Pedro, y el otro discípulo, se quedaron con Jesús, charlando todo el día sobre todo tipo de cosas increíbles.

Al día siguiente, Jesús y sus tres nuevos amigos decidieron dar un paseo por la orilla del Mar de Galilea. Hacía un día hermoso; una brisa delicada soplaba sobre el lago. Los botes de pesca navegaban por las olas que se formaban, y muchos de éstos ya pescaban en el centro del lago.

Los cuatro hombres continuaron caminando por la orilla, hasta que estuvieron lo suficientemente cerca de un bote que se aproximaba a la costa. Todos ellos se conocían, pues la aldea pesquera era muy pequeña. Estaban el pescador Zebedeo, y sus dos hijos Santiago y Juan. Se encontraban muy ocupados reparando los agujeros en sus redes, pero accedieron a acercarse de buen grado cuando Jesús lo pidió. Santiago y Juan se interesaron mucho por lo que Jesús les decía, así que pidieron permiso a su padre Zebedeo para irse con Jesús.

Después, en la aldea vecina, conocida como Betsaida, se quedaron en casa de Andrés y Pedro. Uno de los hermanos corrió veloz, regresando con su amigo Felipe. Felipe estaba muy emocionado por conocer a Jesús, y al ver lo felices que estaban sus amigos, decidió que traería a también a Natanael, otro amigo.

Fue así como Jesús pudo encontrar no solo a seguidores, sino a amigos comprometidos con Su Palabra, deseosos de aprender los más grandes secretos de Dios. Los llamó Apóstoles, y fueron doce. Ya que estos hombres creían firmemente en

Dios, y no eran como el resto de la gente que solo comprendería las enseñanzas básicas, Jesús confió en ellos.

Los apóstoles eran Pedro, Andrés, Mateo, Santiago, Felipe, Tomás, Juan, Bartolomé, Santiago el hijo de Alfeo, Simón el Zelote, y Judá, el hermano de Santiago. Por último, pero no menos importante: Judas Iscariote. A diferencia de los primeros, que provenían de Galilea, Judas había nacido en una región llamada Iscariote, cercana al Mar Mediterráneo. Y de su ciudad natal tomaba, entonces, el nombre.

Capítulo Siete:
Agua Convertida en Vino

"Y Jesús les dijo: 'Llenen con agua las tinajas.' Así lo hicieron ellos. Jesús les dijo entonces: 'Tomen un poco, y llévenselo al jefe de meseros.' Y así lo hicieron. Cuando el jefe de meseros probó el agua, ésta se había convertido en vino." (Juan 2:7-9)

Cuando Jesús tuvo listo a su equipo, se fue a predicar en todas las sinagogas judías de Galilea. En la sinagoga de Nazareth, su pueblo, fue su turno para leer las Escrituras. Se acostumbraba que cada hombre tomara un turno, cada semana, para leerlas.

Jesús leyó, del rollo de Isaías:

El espíritu del Señor ha descendido sobre mí
Porque el Señor me ha ungido

Para darles las Buenas Nuevas a los afligidos;

Me ha enviado para sanar a los descorazonados,

Para proclamar la liberación de los cautivos

Y darles la libertad a los presos;

Para proclamar que este, es el año del Señor.
(Isaías 61:1-2)

Esta declaración de la profecía de Isaías resumía bien lo que sería el ministerio de Jesús. Jesús se detuvo antes del final del verso, que decía "Y el día de la Venganza de nuestro Dios", pues ese día aún estaba por llegar.

Un día, Jesús y su madre fueron invitados a unas fiestas nupciales en el pueblo vecino de Caná. Las bodas eran largas y alegres fiestas, pues transcurrían a lo largo de varios días, ¡e incluían vino y comida a montones!

En algún punto de la fiesta, María se acercó a su hijo Jesús para decirle que los novios se habían quedado sin vino. Jesús le respondió a su madre que no era su responsabilidad conseguirles más vino a los novios, pues no era su boda, pero que, sin embargo, arreglaría el problema. María regresó con los meseros, apuntó a su hijo, y les dijo: "Hagan todo lo que él les diga."

Entonces, Jesús se acercó a los siervos; les ordenó que consiguieran las seis tinajas más grandes de barro que pudieran encontrar, y que las llenaran hasta el borde con agua. Jesús se dirigió a su Padre y, cuando Él le dijo que era la hora, Jesús dijo a uno de los meseros, que llenara una taza con el agua, y se la diera a probar al padre de la novia. El sirviente hizo lo ordenado, y el padre de la novia probó el agua, que se había convertido en el más delicioso vino. Nadie, exceptuando a los meseros, sabía que las tinajas solo habían contenido agua, y no vino.

El padre de la novia mandó llamar al novio, su nuevo nuero, y le dijo a la multitud que creía habían estado bebiendo el vino más malo, ¡pero ahora era el turno del mejor vino! Él no lo sabía, pero el padre de la novia estaba refiriéndose a Jesús, el mejor vino que podría haber en la habitación. Este milagro de Jesús, fue el primero que Él llevó a cabo en su ministerio.

Capítulo Ocho:

Jesús Apacigua la Tormenta

"Y Él les dijo: '¿Por qué tienen miedo, hombres de poca fe?' Entonces se levantó, y reprendió a los vientos y al mar, y todo se puso en calma. Los hombres se maravillaron, y dijeron: '¿Quién es este, a quien los vientos y mares obedecen?'."
(Mateo 8:26-27)

Jesús y sus apóstoles se habían pasado el día enseñando a grandes multitudes en Cafarnaúm, una ciudad mucho más grande que Nazareth, que se situaba a orillas del Mar de Galilea. Jesús, con gran majestad y poder, enseñó en la sinagoga de Cafarnaúm sobre la Liberación de Dios.

Un hombre poseído salió de entre la multitud. El Diablo tiene a miles de espíritus menores a su cargo y, a veces, estos espíritus se apropian de las mentes de aquellos que no creen en Dios. Dios, originalmente, creó a todos los ángeles, y puso a tres de ellos a cargo de los demás: Miguel, Gabriel, y Lucifer. Miguel era el ángel que luchaba por los creyentes de Dios. Gabriel era el mensajero divino que entregaba los mensajes de buenaventura, y Lucifer era el ángel de la Luz. Cuando el ángel Lucifer se rebeló contra Dios, pensando que sería tan bueno como Él, Dios lo arrojó a la Tierra. Lucifer cayó, llevándose a una tercera parte de sus seguidores con él.

"¿Cómo caíste del cielo,

Estrella de la Mañana, hijo de la aurora?

¿Cómo tú, el vencedor de las naciones,

has sido derribado por tierra?"

"En tu corazón decías:

'Subiré hasta el cielo;

Levantaré mi trono por encima de las estrellas de Dios,

Y me sentaré en la montaña donde se reúnen los dioses

Allá donde el norte se termina.

'Subiré a la cumbre de las nubes;

Y seré igual al Altísimo.'

"Más, ¡ay! Has caído en las honduras del abismo,

al lugar a donde van los muertos. (Isaías 14:12-15)

Dios es amor perfecto. Él no hiere o mata. Pero el Diablo solo miente, mata y destruye. Los ángeles de Satanás lo adoran como a su Dios, y siguen sus órdenes sobre la tierra. Son los demonios los que lastiman y matan, los que enferman y hacen morir, los que hacen que los hombres hagan cosas malas.

El hombre poseído caminó hacia Jesús, y le dijo: "¡Déjanos en paz, Jesús! ¿Es que has venido a destruirnos? Yo sé quién eres tú, ¡eres el Hijo de Dios!" El hombre no sabía sobre Jesús, pero el espíritu maligno dentro de él, sí que lo sabía. Jesús le ordenó al espíritu que abandonara de inmediato el cuerpo del pobre hombre: así, aquel hombre quedó liberado de su tormento. El espíritu de Dios, que actúa a través de las personas que creen en él, es muchísimo más poderoso que las fuerzas del mal. Y si Dios ordena que se marchen, los demonios tendrán que hacerlo.

Aquellos presentes en la sinagoga, se asombraron de ver a un hombre con tanto poder. La noticia se regó por todo Cafarnaúm, y muchas más personas acudieron a verlo y oírlo. Trajeron con ellos a sus enfermos, y Jesús rogó a Dios que los samara a todos. Era verdaderamente maravilloso, ver a todas las personas felices, abrazándose unas a otras tras ser testigos de los milagros que Jesús obraba.

Pedro le pidió a Jesús que viniera a su casa, pues su madre estaba enferma. La multitud los siguió hasta la casa, y esperó a que Jesús y sus apóstoles salieran de allí. Jesús fue junto a la madre de Pedro, oró por ella, y ella fue sanada. Se sintió tan bien, la buena señora... ¡que se levantó a prepararles la cena!

Las personas de fuera siguieron llamando a Jesús. Cuando él salió, la muchedumbre había crecido, y aún más enfermos esperaban a ser curados. Jesús estuvo enseñando y sanando hasta que fue muy tarde por la noche.

Jesús estaba agotado, pero las personas no dejaban de llegar. Entonces, Jesús le pidió a uno de sus apóstoles que consiguiera un bote prestado, para así poder alejarse y descansar un poco. Cuando consiguieron el bote, todos subieron a bordo. Jesús se quedó profundamente dormido.

De pronto, en mitad del lago, lejos de la costa, un vendaval fortísimo se soltó y las olas crecieron. El bote amenazaba con volcarse; el agua comenzó a colarse dentro. Los apóstoles temían que el bote se hundiría, ahogándolos a todos. Y Jesús seguía durmiendo tan tranquilo...

Terminaron tan aterrados, que sacudieron por fin a Jesús para que se despertara, y le gritaron: "¡Ayúdanos, Maestro! ¡Moriremos ahogados!"

Jesús suspiró, sacudiendo la cabeza. Sus discípulos habían visto toda clase de milagros el día anterior, y ahora estaban asustados. "¿Por qué tienen miedo, hombres de poca fe?". Parecía que ellos aún no confiaban los suficiente en que Dios podía obrar maravillas.

Jesús se paró al borde del bote, inclinó su cabeza y oró a Dios. El viento se calmó de inmediato, y el océano se quedó tan liso como un espejo. Los sorprendidos apóstoles se quedaron murmurando entre ellos: "¿Quién es este, a quien los vientos y mares obedecen?". Jesús les sonrió, bostezando, y volvió a acostarse para dormir.

Jesús viajó por toda Galilea, predicando, enseñando y curando a todos los enfermos. Sus acciones captaron la atención de los líderes religiosos de aquellos días, que empezaron a preguntarse cómo era que un hombre corriente, como ellos, se sentía con el derecho de curar y perdonar los pecados de los enfermos. Le tenían miedo a Jesús, pues era evidente que el poder de Dios lo acompañaba.

En ese tiempo, los sacerdotes, en realidad, no amaban u obedecían a Dios y sus leyes. Vivían muy bien gracias a las donaciones que la gente daba al Templo, y amenazaban con deshacerse de cualquiera que pretendiera arrebatarles su opulento estilo de vida. Estos dos grupos principales de sacerdotes, conocidos como fariseos y saduceos, se inventaban un montón reglas tontas, sin base alguna en los profetas, que todos debían respetar. Juzgaban la comida de las personas, su vestimenta, o sus acciones, solo porque les gustaba el control que ejercían sobre los demás. Jesús, en numerosas ocasiones a lo largo de su ministerio, les hizo saber que se comportaban como unos pecadores, porque solo estaban perjudicando a las personas que deberían de estar acercando a Dios.

Capítulo Nueve:

El Sermón de la Montaña

"Cuando Jesús vio a las masas, subió a la montaña. Después de sentarse, sus discípulos subieron con Él. Y Él comenzó a enseñarles..."
(Mateo 5:1-2)

Después de predicar Jesús por toda la región de Galilea, en donde se localizaba Nazareth, más y más personas de todo el país, desde Jerusalén hasta más allá del río Jordán, comenzaron a seguirlo para escucharlo: Jesús enseñaba y hacía milagros en la sinagogas, los mercados, las calles, y las casas de aquellos que lo invitaban.

Un día se formó una muchedumbre tan grande, que las personas de atrás no podían ver ni escuchar nada de lo que estaba sucediendo. Entonces, Jesús les dijo que lo siguieran. Salieron de la ciudad, hasta llegar al pie de una montaña, donde Él podría pararse para que todos lo vieran y escucharan, así que todos se sentaron al pasto para oír su prédica.

Jesús, en un tono amoroso pero firme, habló acerca de Dios. Las personas se emocionaron cuando lo escucharon decir que ahora nombraría una serie de reglas que los ayudarían a vivir felices honrando a Dios.

Bienaventurados sean los pobres de espíritu, porque de ellos es el Reino de los Cielos.

Bienaventurados sean los que sufren, porque recibirán consuelo.

Bienaventurados sean los pacientes, porque heredarán la tierra.

Bienaventurados sean los que tienen hambre y sed de justicia, porque serán saciados.

Bienaventurados sean los compasivos, porque obtendrán misericordia.

Bienaventurados sean los de corazón limpio, porque verán a Dios.

Bienaventurados sean los que trabajan por la paz, porque serán reconocidos como Hijos de Dios.

Bienaventurados sean cuando los persigan, maldigan y levanten calumnias de todo tipo por causa de mi nombre.

Alégrense y estén contentos, porque será grande la recompensa en el Cielo. Pues bien saben ustedes que así fueron perseguidos los profetas antes de ustedes. (Mateo 5:2-12)

Jesús continuó enseñando por horas sobre la Ley de Moisés, y los Diez Mandamientos, y cómo las personas malas los habían torcido para sacar provecho. Jesús les recomendó que fueran siempre pacíficos, amantes, y siempre dispuestos a perdonar al prójimo. Si procedían así, su luz brillaría para todo el mundo.

Las enseñanzas de Jesús, amables, amorosas, que hacían pensar en Dios como en un padre amante, eran todas muy diferentes a las órdenes de los malhumorados sacerdotes de las sinagogas. Los

61

sacerdotes siempre insistían en que la gente debía odiar y temer a los pecadores, o Dios los castigaría.

Jesús también regañaba a aquellos presumidos que se detenían a orar en las esquinas de las calles para que los demás envidiaran su devoción. Les recomendaba que mejor se fueran a hablar con Dios, en privado. Incluso, les enseñaba un modelo de oración para dirigirse a Él:

"Padre Nuestro, que estás en el Cielo,

Santificado sea tu reino.

Venga a nosotros tu Reino.

Hágase Tu Voluntad,

En la Tierra como en el Cielo.

Danos el pan de cada día.

Y perdona nuestras ofensas, como también nosotros perdonamos a los que nos ofenden.

No nos dejes caer en la tentación, y líbranos de todo mal. Porque tuyos son el Reino y la Gloria por siempre. Que así sea." (Mateo 6:9-13)

Para cuando atardecía, muchos se abrazaban, sonriendo, y otros lloraban. Pues entendieron que un Hombre, les hablaba directo desde el corazón de Dios.

Capítulo Diez:
Jesús Perdona y Cura a un Paralítico

"Y ellos trajeron cargando consigo a un paralítico. Al no poder acercarse a Él por la muchedumbre, quitaron las tejas del techo y, con unas cuerdas, bajaron una camilla. Y Jesús, viendo la Fe de aquellos hombres, dijo al paralítico: 'Hijo, tus pecados te han sido perdonados.'." (Marcos 2:3-6)

Jesús y sus apóstoles volvieron a la ciudad de Cafarnaúm. La gente los seguía allá donde fueran, y rodearon a la casa en la que se hospedaba Jesús: era un caos total, todos se empujaban para asomarse por las ventanas porque querían verlo.

Mientras él predicaba, como de costumbre, cuatro hombres que cargaban a un quinto se acercaron a la casa. El hombre que cargaban se encontraba paralizado, no podía hablar, mucho menos caminar. Sus amigos lo llevaban para que Jesús lo curara, pero... No pudieron acercarse ni un poco, la gente era demasiada.

En aquellos días, muchas de las casas contaban con techos planos, construidos con madera o paja. Uno de los hombres sugirió que deberían subir al techo, quitar parte de la paja, y por ahí bajar la camilla del paralítico. ¡Era un plan excelente! Consiguieron algo de cuerda, y ataron los extremos de la camilla. Tras quitar una parte del techo, los cuatro bajaron a su amigo hasta donde estaba Jesús.

Jesús sonrió a los hombres en el techo, sorprendido de lo que eran capaces de hacer por ver sanado a su amigo. Tras posar la mano en la cabeza del hombre paralítico, e inclinarse para mirarlo a los ojos, Jesús dijo: "Hijo, te perdono todos tus pecados."

Sin embargo, los fariseos de la sinagoga, que también presenciaban el milagro, comenzaron a murmurar con descontento: "Un hombre no

puede perdonar los pecados, solo Dios puede".
Jesús se enderezó, dándose la vuelta para
enfrentarlos: "Ustedes dudan del poder de Dios.
¿Qué es más fácil de decirle? ¿'Te perdono tus
pecados', o 'Levántate y camina'? Para Dios no
hay imposibles, y él ha dado a su Hijo el poder
sobre la tierra para perdonar los pecados."

Jesús volvió de nuevo con el hombre: "Toma tu
camilla, y vete a tu casa". El hombre se levantó, y
abrazó con fuerza a Jesús, llorando lágrimas de
agradecimiento. La muchedumbre, maravillada,
lo dejó pasar, y todos dijeron: "Nunca antes
hemos visto cosa semejante.

Capítulo Once:
La Gran Fe del Centurión

"Cuando Jesús entró en Cafarnaún, un centurión vino a encontrarlo para rogarle: 'Señor, mi sirviente sufre, paralizado y en cama'. Jesús le contestó 'Iré enseguida a curarlo." (Mateo 8:5-7)

Cuando Jesús estaba a punto de irse, un soldado romano en uniforme, un oficial del ejército, se acercó a Él. Era un centurión, un hombre que tenía a cientos de soldados a sus órdenes. El centurión preguntó a Jesús: "Señor, ¿podrías ayudar a mi sirviente? Está paralizado, enfermo, y sufre mucho dolor." Era evidente que el centurión había escuchado sobre los milagros de Jesús.

Jesús le respondió, "Claro, iré contigo."

El oficial continuó: "Señor, no soy digno de que entres a mi casa. Soy un oficial romano, y todos siguen mis órdenes. Si le digo a alguien que marche, marchará. Si le digo que pelee, peleará. Pero he escuchado de tus milagros y muchas otras cosas más. Yo creo en que tus palabras, y todo lo que haces, viene de Dios."

Jesús se quedó conmovido por las palabras del soldado, puesto que él había sido enviado a los judíos, no a los romanos. Y había aquí frente a Él, un gentil que creía en Su Palabra. Debes saber que, en los rollos antiguos, todo aquel que no era judío, era conocido como un Gentil.

"Jesús, si tú dices que lo curarás, yo creo en Ti."

Jesús no había visto tal fervor en los judíos. Solo creían en él cuando veían un milagro, pero no existía todavía nadie que creyera sus palabras sin haber asistido a un hecho milagroso. Entonces le dijo al centurión, que muchas personas de todos los lugares del mundo, judíos y gentiles, se unirían bajo una sola causa. Pero, que, sin embargo, aún quedarían muchos judíos que no creerían en las acciones de Dios. "Pero tú has creído, sin ser judío. Dios ha visto tu fe, y tu sirviente será curado". En ese momento, el sirviente en la casa del centurión comenzó a sentirse mejor de su enfermedad, ¡y estuvo curado de inmediato!

Jesús dejó Cafarnaúm, pues se dirigiría a una pequeña ciudad llamada Naím. Sus apóstoles, y una gran multitud, lo acompañaron hasta allá. A la entrada del pueblo, Jesús se encontró con un concurrido cortejo fúnebre: había muerto un pequeño niño. Su madre, una viuda desconsolada, sollozaba pues había perdido a su único hijo. Jesús le dijo "No llores más, mujer." Tocando la cabeza del niño, murmuró: "Levántate, mi pequeño."

¡El niño revivió! Los que presenciaron todo, creyeron al instante en Jesús y sus milagros.

Capítulo Doce:
Alimentando a una Multitud

"Y Jesús tomó cinco panes y dos pescados. Mirando al cielo, los bendijo y repartió los panes entre sus discípulos. También tomó los dos peces, y los pasó. Todos comieron, y quedaron muy satisfechos." (Marcos 6:41-42)

Jesús decidió que era tiempo de enviar solos a sus discípulos, para que comprobaran, por ellos mismos, que también poseían el poder de Dios que les permitiría hacer milagros. Los emparejó en equipos de seis, y les ordenó que no tomaran ningún pago que les ofrecieran, y que no cargaran ropas. Dios se encargaría de proveerlos de lo necesario.

Jesús les dijo también: "No se preocupen si las personas no les creen. Solo sacúdanse el polvo, y vayan a otro lugar. Ellos aprenderán sobre Dios y, si no lo hacen, tendrán que enfrentar las consecuencias. No es su culpa si no les creen, ustedes ocúpense de hablar con la verdad, y déjenles a ellos la decisión de creer, o no creer."

Los apóstoles fueron e hicieron como se les había ordenado. Las personas que deseaban aprender más de Dios, les dieron comida, y cómodas camas dónde descansar. Los seis equipos enseñaron lo que habían oído decir a Jesús, y obraron muchos milagros, con lo que comenzaron también a ganar seguidores.

Cuando regresaron con su Maestro, estaban todos muy emocionados, y le contaron a Jesús sobre sus viajes, sobre las enseñanzas y los milagros. Jesús estaba muy feliz al ver que sus apóstoles experimentaron por sí mismos el amor de Dios, y comprobaron el poder de una oración rezada con fe.

Jesús sabía que ellos estaban muy cansados, así que los llevó a un lugar tranquilo en el desierto. Pero las masas los siguieron, y pronto estuvieron rodeados de gente. Cerca de cinco mil personas aguardaban a que hablaran: eran hombres, mujeres, y niños de todas las edades, así que Jesús y sus apóstoles les hablaron todo el día sobre el amor de Dios por sus Hijos.

Cuando comenzaba a anochecer, los apóstoles sugirieron, a Jesús, que dejara que la muchedumbre se retirara a buscarse la cena, pues no contaban con dinero suficiente para comprarles comida a todos ellos. Jesús les preguntó: "¿Cuánta comida tienen?"

Ellos respondieron que dos pescados asados, y cinco panes. Jesús tomó la comida, y les dijo a todos que se sentaran. Todos, muy parlanchines, se sentaron en grupos de cincuenta y cien. Jesús tomó el pan y los dos peces. Tras dirigir una oración sincera al cielo, Jesús suplicó a Dios que le permitiera alimentar a la multitud. Después, Jesús partió el pan y los pescados, y los puso en canastas que entregó a cada uno de sus discípulos.

Los apóstoles, confiando en su Maestro, fueron pasando las canastas por todos los grupos: cada que metían la mano para sacar pan y pescado, ¡más y más comida aparecía!

Las cinco mil personas, tras haber escuchado un gran sermón sobre la palabra de Dios, comieron con mucho apetito. Para cuando la cena terminó, ¡los apóstoles ya habían llenado canastas, y más canastas, con la comida sobrante!

Capítulo Trece:

Jesús Camina Sobre el Agua

"Antes del amanecer, Jesús vino a ellos caminando sobre las aguas. Cuandos los discípulos lo vieron, gritaron: '¡Es un fantasma!'. Pero Jesús les habló: 'No teman, soy Yo.'." (Mateo 14:25-27)

Después de que Jesús alimentó a los cinco mil, los mandó a casa y les dijo que quería estar solo. Le dijo que rentaran un bote para navegar por el lago de Galilea mientra él rezaba. Jesús subió a una montaña, se quedó despierto toda la noche contándole a Dios todas las cosas que le iban pasando.

A las tres de la mañana, Dios le dijo a Jesús, que sus apóstoles estaban en problemas; necesitaban ser rescatados. Jesús corrió hasta la orilla del mar; el bote de sus apóstoles zozobraba por los fuertes vientos, y las olas que encabritaban el mar.

Los apóstoles gritaban aterrados. La última vez, Jesús había estado con ellos, ¡pero ahora estaban solos! Las olas golpeaban los costados del bote, y estaban a punto de volcarlo.

Jesús, dando unos pasos, comenzó a caminar sobre el agua; aunque sus sandalias se mojaron, no se hundió. Fue acercándose al bote: los hombres, al ver a la figura que se aproximaba a través de la espuma y el viento, pensaron en fantasmas. Y gritaron más fuerte. No solo eran amenazados por una tormenta que los mataría... ¡Ahora también un fantasma venía por ellos!

Pero Jesús los llamó: "¡Tranquilos, soy yo!" Sus apóstoles se quedaron con la boca abierta. Pedro, el más asustado de todos, pidió a Jesús que lo dejara caminar también en el agua, pues no podía esperar ni un segundo más para escapar del bote.

Pedro logró pararse en el agua, y comenzó a caminar hacia Jesús. Al mirar atrás, hacia el bote que se mecía por el oleaje, se asustó más y comenzó a hundirse. El agua ya cubría sus rodillas cuando gritó a Jesús: "¡Maestro, sálvame!"

Jesús tomó a Pedro por la mano, y lo sacó del agua; lo regañó, diciéndole: "No me creíste, por eso miraste atrás en vez de concentrarte en el poder de Dios."

Jesús y Pedro llegaron hasta el bote, y treparon a él. El viento se calmó, el océano se quedó liso. Los emocionados apóstoles dijeron al unísono: "Realmente eres el Hijo de Dios."

Jesús continuó enseñando por toda Galilea. Una vez, dijo que la palabra de Dios era como un granjero que arrojaba semillas en el campo. Algunas semillas caían entre las piedras, por lo que no retoñaban. Otras caían en terreno de malas hierbas: comenzaban a crecer, pero pronto la hiedra las asfixiaba. Otras caían en tierra buena, creciendo fuertes y saludables. Algunos aceptaban la palabra de Dios, pero no la ponían en práctica pues se negaban a abandonar los placeres del mundo. Otros no querían escucharla, y Dios no tocaría sus corazones. Y luego estaban aquellos que lo escuchaban, vivían de acuerdo a sus enseñanzas, y esparcían su bondad por el mundo.

También les enseñó sobre el futuro, con una parábola. Cuando Jesús enseñaba, lo hacía en parábolas: muchas verdades de Dios estaban ocultas en estas parábolas, que eran historias, fábulas con un mensaje al final. Jesús, por lo regular, hablaba con pescadores y granjeros, por lo que procuraba que todos entendieran sus palabras.

Jesús dijo que un granjero cosechaba todo en los campos. Cuando llegaba el momento, separaba los cultivos de las hierbas; la comida la guardaba, y las hierbas las quemaba. Con esto, Él quería decir que Dios, al Final de los Tiempos, separaría a los buenos de los malos. Los malos irían al infierno, y los buenos al Paraíso.

Capítulo Catorce:
La Transfiguración

"Seis días después Jesús tomó a Pedro, Santiago y Juan, y los llevó con Él a lo alto de una montaña. Allí, se transfiguró: sus ropas se volvieron brillantes, y blancas como la nieve. ".
(Marcos 9:2-3)

Un buen día, en el que Jesús y sus apóstoles se encontraban por la zona de Galilea, Él pidió a Pedro, Santiago y Juan que lo acompañaran a la montaña. Jesús no les dijo para qué, pero ellos lo obedecieron, y treparon detrás suyo.

Cuando estuvieron en la cima, Jesús comenzó a brillar con una luz celestial. Su túnica, que era de un color marrón habitual entre los habitantes de Galilea, se tornó de un blanco imposible, uno que los apóstoles jamás habrían creído que existiera.

Moisés y Elías aparecieron a los costados de Jesús, brillando con la misma luz cálida, y vistiendo también aquellas túnicas blancas. Una nube enorme se detuvo sobre ellos, pese a que el viento desplazaba a todas las demás. Jesús habló con Moisés y Elías sobre las cosas futuras que estaban por suceder.

Los apóstoles estaban preocupados y estupefactos. Pedro dijo: "Señor, déjanos hacer tres chozas. Una para ti, otra para Moisés, y otra para Elías." Ellos pensaban que estaban haciendo algo bueno, pero estaba allí solo para ser testigos. Entonces, desde la nube, una voz misteriosa habló: "Este mi hijo bienamado, escúchenlo."

Los tres apóstoles miraron de nuevo al suelo, y se dieron cuenta de que Jesús estaba solo de nuevo. El brillo celestial se había ido, al igual que Moisés y Elías.

Cuando bajaron de la montaña, Jesús les pidió a sus discípulos que guardaran el secreto de lo ocurrido en la montaña, y lo proclamaran solo hasta que él hubiera resucitado. Ellos no comprendieron la petición de Jesús, puesto que Él aún no les contaba sobre el martirio que padecería; pensaban que Jesús, de alguna manera, vencería a los romanos, conquistaría Israel, y gobernaría como Rey. Todavía creyeron hasta que Jesús les dedicó sus últimas palabras.

Moisés y Elías habían aparecido para comunicarle a Jesús que era necesario que muriera, pero que no tuviera miedo, pues resucitaría al tercer día. Para salvar a la humanidad, debería pasar por el sufrimiento que el Diablo le causaría.

Pero todo esto era el secreto de Jesús, y no podía decírselo en ese momento a sus apóstoles porque aún no era el tiempo indicado por Dios.

Capítulo Quince:

Jesús y los Niños

"Y algunos llevaban a sus hijos, para que Él les impusiera las manos y los bendijera. Cuando los discípulos los reprendieron, Jesús dijo: 'Dejen que los niños se acerquen a Mí, porque es de ellos el Reino de los Cielos'." (Mateo 19:13-14)

Jesús amaba a los niños porque eran inocentes, y porque sabían aceptar sin reservas el amor de Dios; con frecuencia, los usaba como ejemplos para sus parábolas. Los niños solo buscan el amor, y que les enseñen cosas fantásticas. Debes conocer que, en la Biblia, la palabra "niño" es usada por nada más y nada menos que, ¡763 veces! Es un grande número, ¿verdad?

Jesús predicaba que los niños entrarían con facilidad en el Reino de los Cielos. El Reino de los Cielos, como estoy segura que sabes, no es un lugar físico que puedas visitar, sino que es un camino espiritual que recorren todas las personas que creen y aman a Dios. Con ayuda de tus padres, ¡tú también puedes recorrer este camino! Si escoges este buen camino, verás grandes milagros, y tendrás una relación personal con Dios.

Luego, Jesús y sus apóstoles iniciaron un viaje. Dejaron Galilea, y cruzaron el río Jordán.

Los fariseos vieron una oportunidad muy buena para tenderle una trampa a Jesús, así que se acercaron con él. Haciéndole muchas preguntas difíciles, intentaron que dijera algo malo contra Dios para así poderlo acusar de un crimen. Por supuesto, que Jesús era muy inteligente, y contestó a todas las preguntas, de tal modo, que los fariseos debieron rendirse.

Un grupo de padres cargaban a sus bebés: tenían la esperanza de que Jesús los bendijera, pero los discípulos se interponían entre ellos, pues no comprendían porqué Jesús perdía su tiempo con unos niños.

"Dejen que los niños vengan a Mí, porque el Reino de los Cielos les pertenece. Cualquiera que no reciba al Reino de Dios como un niño, no entrará en él." (Lucas 18:16-17)

Fue en ese momento, que un hombre llamado Jairo se acercó a pedirle ayuda a Jesús. Jairo era el jefe de la sinagoga en Galilea, y había visto los milagros; el hombre estaba muy angustiado porque su hija, de doce años, estaba muy enferma, a punto de morir, así que suplicó: "Por favor, Señor, ven a mi casa y sana a mi hija, para que pueda vivir."

En su camino a la casa de Jairo, una multitud acompañó a Jesús. Una mujer, que llevaba doce años muy enferma y sin poder entrar en la sinagoga, se acercó a Él. Ella creía que, tocando las ropas de Jesús, sanaría al instante. Jesús sintió que el poder de Dios lo recorría, se detuvo, y preguntó: "¿Quién me ha tocado?" La mujer, asustada, admitió lo que había hecho. Jesús supo entonces, de la gran fe que ella tenía, y le dijo con dulzura: "Tu fe te ha salvado."

Jesús continuó con su camino, y los hombres de la sinagoga salieron a su encuentro para decirle que la hija de Jairo acababa de morir, y que ya no era necesario que fuera a verla. Jesús les contestó: "No se preocupen, solo crean en Mí."

Jesús, ya en la casa de Jairo, fue hacia la habitación de la pequeña. Ella estaba en la cama, tenía una sonrisa tan bonita, que solo parecía que dormía. Jesús, inclinándose sobre su oído, le susurró: "Tabita, ¡despierta!" ¡Y ella lo hizo! Todos se quedaron pasmados. Jesús le pidió a Jairo que cocinara algo, porque seguro Tabita se encontraba muy hambrienta.

Jesús siempre supo que los niños eran como los vasos vacíos, listos para llenarse con lo que sus padres quisieran. Si eran criados con ira y miedo, así vivirían sus vidas. Pero, si se les criaba en el amor, la paz, y se les inculcaba que Dios estaría allí siempre para amarlos, ellos experimentarían una vida llena de felicidad. Hasta los antiguos profetas habían escrito: "Si crías a tus hijos en el amor de Dios, te lo devolverán con creces." Dios no puede prometerle a nadie que sus hijos jamás se perderán, pues eso depende de ellos, pero sí que las bases cristianas serán cimientos de roca para sus vidas.

Capítulo Dieciséis:
El Buen Samaritano

"Pero un samaritano que estaba de viaje, vino a él; al verlo, se llenó de compasión, derramó aceite y vino sobre sus heridas y las vendó. Lo montó en su propio animal, y lo llevó a una posada, en donde cuidó de él." (Lucas 10:33-34)

Jesús continuó enseñando, en parábolas, a las personas que lo seguían. Una de sus parábolas más populares, era la de la Semilla de Mostaza. La mostaza es un arbusto que produce unas semillas pequeñas, tan pequeñitas, que es difícil verlas a simple vista. Jesús decía que era muy bueno tener fe, incluso aunque fuera del tamaño de una semilla de mostaza; para Dios no existían imposibles, y si se lo pedías, ¡serías capaz de mover hasta una montaña!

Cuando se quedó sin nada, se vio obligado a tomar un trabajo como cuidador de cerdos. No tenía nada, y se alimentaba de las sobras que los cerdos desechaban. Ahora, para los judíos, los cerdos eran animales sucios, por lo que no tenían permitido comer carne de cerdo, o siquiera estar cerca de uno.

El hijo se enojó mucho consigo mismo, y se dijo: "en casa de mi padre, yo era rico y feliz. Y ahora estoy cuidando cerdos, y comiendo sus sobras." Entonces, el muchacho viajó de regreso a su país. Llorando, llegó a la casa de su padre, y le dijo: "Lo siento mucho, padre mío. Gasté todo el dinero, y ahora no merezco ser llamado hijo tuyo. Por favor, permíteme permanecer aquí como uno de tus sirvientes."

¡Pero el padre estaba muy feliz de ver de nuevo al hijo que creía perdido para siempre! Así que ordenó a los sirvientes que prepararan un gran festín. El hermano mayor, al escuchar todo el ruido, fue a ver qué pasaba; que se enojó muchísimo, es decir muy poco. Fue a ver al

Un día, un hombre versado en la ley de Moisés se acercó a Jesús. Al haber sido enviado por los fariseos para inculparlo, él le preguntó directamente: "¿Qué debo hacer para ganarme la vida eterna?"

En lugar de contestarle, Jesús le devolvió la pregunta: "Tú estudias la ley de Moisés. ¿Qué piensas que debes hacer?"

El maestro de la ley le respondió: "Bueno, Moisés escribió que debemos amar a Dios con todo nuestro corazón, con toda el alma, y con todas las fuerzas; y que también debemos amar a nuestro prójimo como a nosotros mismos."

Estás en lo cierto, dijo Jesús. Pero el hombre no se rendía: "¿Quién es mi prójimo?"

Jesús, entonces, comenzó a relatarle una parábola. Un hombre, que viajaba de Jerusalén a Jericó, fue atacado por unos bandidos. Le robaron su dinero, sus ropas, y lo golpearon con palos, dejándolo malherido al borde del camino. Un sacerdote de la sinagoga pasó por allí, y vio al hombre herido: lo ignoró, en vez de detenerse a ayudarlo. Otro hombre, uno de los sacerdotes conocidos como levitas, pasó también de largo.

Entonces, llegó el turno de un samaritano. Los nativos de Samaria no les caían bien a los judíos, pues, cientos de años atrás, se habían establecido en Israel cuando los judíos estaban cautivos en Babilonia. Pero este samaritano era amable; fue junto al pobre hombre, lavó con aceite y agua sus heridas, y se las vendó. Después, lo ayudó a que subiera a su caballo, llevándolo a una posada. Allí, el samaritano rentó una habitación, y cuidó al hombre herido, alimentándolo con excelente comida.

Al día siguiente, el samaritano pagó al posadero por la estadía del hombre herido, y encargó que lo cuidara personalmente hasta su regreso.

Cuando Jesús terminó la historia, preguntó: "De los tres hombres del camino, ¿cuál crees tú que amó a su prójimo?"

El maestro de la ley miró a Jesús, y replicó: "Aquel que mostró verdadera compasión."

Jesús declaró: "Ahí tienes tu respuesta."

El mensaje de esta parábola, es que no importa quién seas: rico, pobre, inteligente o torpe; ni si eres la persona más importante del mundo. Dios conoce cuándo amas, y cuándo no lo haces.

¡Así que ama a todos!

Capítulo Diecisiete:

María y Marta

"Mientras viajaba, pasó por un pueblo; una mujer llamada Marta le dió la bienvenida en su casa. Marta tenía una hermana, María, que se sentaba a los pies del Señor, atenta a Sus Palabras." (Lucas 10:38-39)

Después de dejar al abogado, Jesús llegó a una ciudad pequeña, Betania, y se topó con una mujer, Marta. Betania se encontraba emplazada en los montes al este de Jerusalén, como a unas dos millas. Marta no conocía a Jesús, pero lo invitó de todas maneras a cenar a su casa. Que no te extrañe, no era raro para los judíos el invitar a los viajeros a que descansaran en sus casas.

Marta tenía una hermana, María. María sí había escuchado hablar de Jesús, y se sentó a sus pies a escucharlo. Lo admiraba tanto, que lavó los pies de Jesús, y los masajeó con un aceite muy fino.

¡Hasta secó sus pies con su propio cabello! Todo esto era un acto de honor que se realizaba sólo con los huéspedes más distinguidos.

Marta estaba preparando la comida, y como no sabía quién era Jesús, se enojó con su hermana porque solo estaba sentada escuchándolo, mientras que ella se encargaba de todo el trabajo. Marta fue junto a Jesús, y le dijo; "¿Puedes decirle a mi hermana que se pare a ayudarme?"

Jesús miró a Marta, muy serio, y le dijo: "Marta, estás enojada con tu hermana, pero no te das cuenta de que ella está haciendo la tarea más importante."

Lázaro, el hermano de las dos mujeres, vino también a conocer a Jesús. Lázaro sería muy importante pues, junto con María y Marta, se volvió muy amigo de Jesús; juntos, en Betania, los cuatro pasarían muchos momentos agradables y divertidos que todos recordarían para siempre.

Poco después, Jesús fue a Jerusalén para la fiesta de Hanukkah, que también es llamada el Banquete de las Luces. Esta fiesta conmemoraba la recuperación del templo de Jerusalén, que los griegos habían capturado. Allí, en el templo, Jesús llamó a los fariseos, y les enseñó algunas cosas sobre la fiesta que se celebraba:

"Yo soy la Luz del Mundo. El que me siga, no caminará jamás en las tinieblas." Los fariseos respondieron, "Estás hablando en tu propio favor; tu testimonio no vale para nada." Jesús les dijo, "Aunque yo hable en mi favor, mi declaración es válida; porque yo sé de dónde he venido, y hacia dónde voy. Ustedes son los que no saben de dónde he venido, ni hacia dónde voy. Ustedes juzgan con criterios humanos; yo no juzgo a nadie. Y si yo tuviera que juzgar, mi juicio sería válido, porque no estoy solo; el Padre que me ha enviado está conmigo." (Juan 8:12-16)

Más tarde, Jesús dijo a sus propios discípulos: "Si siguen Mi Palabra, entonces son ustedes verdaderos discípulos Míos. Conocerán la verdad, y la verdad los hará libres."

Capítulo Dieciocho:
La Oveja Perdida

"Acaso no es cierto que un hombre que tiene cien ovejas, cuando se le pierde una, deja a las noventa y nueve, y sale a buscar a la que falta? ¿Y que cuando la encuentra y la pone sobre sus hombros, se regocija con ella? " (Lucas 15:3-5)

Después del banquete, Jesús y sus apóstoles viajaron al sur de Judea. En la Biblia se narran muchas de las aventuras que corrieron juntos. En estas idas y vueltas por Israel, Jesús contaba muchas parábolas. Como ya debes saber, las parábolas son pequeñas historias que quieren darte un mensaje importante. Una de las parábolas favoritas de Jesús, era la de la Oveja Perdida. Al igual que en la parábola de la Moneda Perdida, o la del Hijo Pródigo, el final de la Oveja Perdida era el mismo.

Jesús enseñaba en el campo, y los fariseos, al escucharlo, protestaban sobre que Jesús estaba robándoles su rol de maestros religiosos; además, según ellos, Jesús daba mal ejemplo a todos, pues siempre estaba bromeando y charlando con un montón de pecadores. Los fariseos creían que, si Jesús era de verdad el Hijo de Dios, ¡debería de estar pasando tiempo con la gente correcta! Pero, como ellos no tenían fe en Jesús, Él prefería pasar su tiempo con personas que quisieran aprender de verdad.

Jesús decía que Dios era como un pastor que tenía cien ovejas. En un mal día, el pastor perdió por los montes a una de ellas. Así que dejó a su rebaño con otros pastores, y se marchó a buscar a su oveja perdida. Buscó, y buscó, hasta que la oveja apareció. Entonces, feliz, el pastor la abrazó, llevándola con sus hermanas; allí estaría a salvo de los animales salvajes, y comería pasto delicioso. El pastor estaba feliz de que las noventa y nueve estuvieran a salvo, pero, se ponía más feliz aún, cuando la Oveja Perdida volvía al redil.

Luego, les contaba la historia sobre una moneda. Una mujer acaba de casarse, y se adornaba el cabello con diez monedas de plata especiales, que habían pasado de generación en generación. Cuando la mujer perdió una de esas monedas, se puso muy triste pues creyó que una maldición caería sobre ella y su familia.

Así que le pidió ayuda a una de sus amigas, y juntas barrieron y limpiaron por todos los rincones de la casa hasta encontrar a la moneda. Entonces todas sus amigas, al saber que la moneda había sido encontrada, y que no sería maldecida, se pusieron muy contentas. El mensaje de todas estas parábolas de Jesús, es sobre Dios. Nosotros, en ocasiones, estamos perdidos, y Dios se pone muy feliz cuando encontramos la manera de volver a Él.

Capítulo Diecinueve:
El Hijo Pródigo

"Y él dijo: 'Hijo mío, tú siempre has estado conmigo, y lo que es mío, es tuyo también. Pero ahora debemos celebrar que tu hermano estaba muerto, y ha vuelto a la vida. Estaba perdido, y ha sido encontrado.'." (Lucas 15:31-32)

Jesús también les contó otra historia. Comenzaba así:

Un hombre tenía dos hijos. El menor le pidió su parte de la herencia. El hombre, entonces, dividió su dinero en dos partes, y le dio una a su hijo menor. El hijo ensilló su caballo y se marchó lejos, muy lejos, a otro país. Lejos de su familia y amigos, el chico pensó que por fin podría hacer todo lo que siempre había querido, y que nada ni nadie lo detendría. Gastó todo su dinero en fiestas, comida costosa, y joyas para sus novias.

padre, y se quejó: "¡Yo siempre he estado aquí para ti, y he hecho todo lo que has querido! ¡ Y ahora él va, gasta todo tu dinero, vuelve con la cola entre las patas, ¿y tú le haces una fiesta!? ¡No es justo!"

El padre abrazó a su hijo mayor. Le dijo que estaba muy feliz, y agradecido de que siempre hubiera estado allí. Pero, también estaba muy feliz porque su otro hijo, aquel que pensaba estaba perdido para siempre, se había salvado.

La Salvación es la clave para que entiendas mejor las parábolas de la Oveja Perdida, La Moneda Perdida, y el Hijo Pródigo. Dios se siente igual de feliz cuando nosotros volvemos a Él.

Los problemas comenzaban a surgir por todos lados. El rey Herodes, hijo del rey Herodes que quiso matar a Jesús cuando era un bebé, gobernaba en ese momento en Israel. Y el rey comenzó a preocuparse por todas las personas que seguían a Juan el Bautista. De hecho, Herodes admiraba mucho a Juan, y ponía en práctica sus enseñanzas, pues sabía que Juan era un profeta de Dios, que proclamaba con mucha fuerza y seguridad los mandatos del Señor.

En este punto, muchas personas en Galilea comenzaron a hablar mal de Jesús. Estaban muy impresionados por sus milagros, pero se preguntaban: "Este Jesús, ¿qué no es hijo de José el Carpintero? Conocemos a la familia, y no son nada especiales. Conocemos a sus hermanos y hermanas, y son justo como nosotros." Jesús, cuando escuchó estas palabras, solo respondió "Uno no es profeta en su tierra."

Esta es una muy buena lección, ¿sabes? Si tú cambias para volverte una persona de Dios, tus viejos amigos, incluso tu familia, podrían rechazarte. Porque ellos te conocieron antes de que aceptaras a Dios en tu corazón. Y lo mismo le pasó a Jesús: no podía hacer su ministerio en una tierra que lo vio crecer, porque no lo tomarían en serio.

Capítulo Veinte:

Lázaro Vuelve a la Vida

"Dichas estas cosas, Jesús lloró: 'Lázaro, ¡levántate!' El hombre que había muerto, se levantó envuelto en las mortajas, su cara cubierta por una tela. Jesús ordenó: 'Desenvuélvanlo, y déjenlo ir'." (Juan 11:43-44)

María, que ungió los pies de Jesús con aceite, y Marta; las mismas hermanas de Betania que habían cenado con Jesús, se dieron cuenta de que su hermano Lázaro estaba muy enfermo, y agonizaba. Como eran amigos, pensaron que Jesús podría curarlo. Así que le enviaron un mensaje para pedirle que regresara a Betania lo más pronto posible.

Jesús tenía otros asuntos, así que pasaron dos días antes de que pudiera regresar a Betania. Sus apóstoles advirtieron que había personas en Betania que querían apedrearlo, y que era peligroso. Pero a Jesús no le importó. Quería mucho a Lázaro, Marta y María, y eran importantes para él.

Jesús les dijo a sus apóstoles que Lázaro ya estaba durmiendo. Ellos respondieron que entonces debía dejarlo descansar. Jesús aclaró a qué se refería: Lázaro, le dijo Dios, ya había muerto por su enfermedad. Los apóstoles sintieron miedo de que alguien pudiera apedrear a Jesús, pero pronto tomaron una decisión: si lastimaban a Jesús, entonces ellos serían lastimados junto con él.

María estaba muy triste, y se quedó llorando dentro de la casa, pero Marta corrió al encuentro de Jesús, y le dijo que Lázaro había muerto. Si hubiera llegado antes, habría podido salvarlo.

Lázaro llevaba cuatro días muerto, y había sido enterrado en una cueva, envuelto en sudarios. En esos días, a los muertos no se les enterraba en la tierra, sino que se los colocaba en cuevas familiares especiales. Los cuerpos se ponían en estantes, y una grande y pesada piedra se rodaba hasta la entrada de la cueva.

Jesús le aseguró a Marta, que Lázaro viviría de nuevo. Marta respondió: "Jesús, yo creo en ti, y en la resurrección de los muertos en el cielo." Jesús la corrigió, pues no se refería a la Vida Eterna, sino a que Lázaro reviviría, y dijo:

"Yo soy la Resurrección y la Vida. Todo aquel que crea en Mí, jamás morirá. ¿Me crees, Marta?" (Juan 11:25-26)

Marta le aseguró que creía en Jesús, y en que Dios le concedería todas sus peticiones; corrió para traer a su hermana María. Los amigos que habían asistido al funeral, acompañaron también a María y Marta hasta donde se encontraba la tumba de Lázaro.

María lloró al abrazar a Jesús, y le preguntó por qué había tardado tanto en llegar. María estaba enojada con Jesús, pues, al igual que Marta, pensaba que Jesús podría haberlo salvado de haber venido antes. Jesús también lloró mucho, allí en los brazos de María. Los hombres rodaron la piedra que tapaba la entrada a la tumba. Ya olía mal, pues Lázaro llevaba cuatro días muerto. Jesús ignoró el mal olor, y oró a Su Padre:

"Te doy gracias, Padre, porque me has escuchado. Yo sabía que siempre me escuchas; pero lo digo por esta gente, para que crea que Tú me has enviado." (Juan 11:41-42)

Jesús gritó: "¡Lázaro, levántate!" Unos segundos después, Lázaro apareció por la entrada de la Cueva, con los sudarios aún rodeándole el cuerpo, y con una tela tapando su cara. Los apóstoles ayudaron a desenvolver a Lázaro, pues parecía una momia y podía asustar a alguien.

Muchas personas se acercaron a la casa de Marta y María, para escuchar la fantástica historia de cómo Jesús resucitó a su hermano Lázaro de entre los muertos. Por desgracia, cuando la historia llegó a oídos de los sacerdotes del templo, ellos comenzaron a planear la muerte de Jesús. Estaban asustados; y como ellos no tenían esos poderes, también sentían envidia de que Jesús pudiera resucitar a los muertos.

Capítulo Veintiuno:
Bartimeo Recupera la Vista

"Jesús le preguntó: '¿Qué puedo hacer por ti?' Y el ciego respondió: 'Rabí, ¡quiero verte!' Jesús dijo: 'Tu fe, te ha salvado'. De inmediato, el ciego recuperó la vista, y comenzó a seguir a Jesús por el camino." (Marcos 10:51-52)

Jesús y sus apóstoles cruzaron de nuevo el río Jordán, enseñando en las aldeas a la orilla del río. Jesús advirtió a sus discípulos, que el día de su captura estaba cerca; lo torturarían y matarían. Al verlos tristes, les aseguró que no se preocuparan, pues resucitaría al tercer día.

Los discípulos juraron que lo protegerían, incluso si eso significaba que tendrían una muerte segura. Jesús les aseguró que su muerte ya estaba escrita en las antiguas profecías de los profetas; su martirio había sido confirmado por Moisés y

Elías en la Transfiguración. Como seguían tristes, Jesús les dijo que todo sería para borrar los pecados del mundo.

Después, se marcharon de Jericó hacia Jerusalén. En el camino, se encontraron con un hombre ciego, que mendigaba por unos centavos para poder comer. Se llamaba Bartimeo, y estaba al corriente de los milagros que Jesús había obrado con otros. Bartimeo, al sentirlo cerca, suplicó: "¡Jesús, hijo de David, ten compasión de mí!

Jesús se detuvo, y pidió que ayudaran al ciego a levantarse; cuando estuvo frente a él, Jesús preguntó: "¿Qué puedo hacer por ti?"

El ciego respondió, "Señor, haz que pueda ver."

Ya que Bartimeo creyó en que Jesús era el Hijo de Dios, y para Dios no había imposibles, Jesús declaró: "Vete, porque tu fe te ha salvado." Y el hombre, llorando de felicidad, pudo ver el rostro de Jesús.

Capítulo Veintidós:

La Conversión de Zaqueo

"Y habló Jesús: 'La salvación ha entrado en esta casa, porque él, también, es un hijo de Abraham. El Hijo del Hombre ha venido a salvar a los que estaban perdidos'." (Lucas 19:9-10)

Después de que Jesús curó a Bartimeo, se marchó a Jericó. Muchas personas lo esperaban a la orilla del camino. Uno de ellos, era un rico recaudador de impuestos para los romanos. El recaudador, llamado Zaqueo, no era judío, y las personas lo odiaban mucho. Pero Zaqueo había escuchado sobre Jesús, y quería verlo por él mismo.

Desafortunadamente, como Zaqueo era muy bajito, y los demás eran más altos que él, no pudo ver nada. ¡Así que tuvo una brillante idea! Escaló hasta la copa de un sicomoro, un árbol alto, y desde allí pudo ver a Jesús que se acercaba con sus apóstoles.

Cuando Jesús llegó a la altura del sicomoro, se detuvo, miró hacia arriba y gritó: "¡Zaqueo, bájate de ese árbol y ven conmigo, porque hoy me hospedaré en tu casa!"

Todos se enojaron porque Zaqueo, al ser el recaudador de impuestos, no les hacía mucha gracia. Y se preguntaron del por qué Jesús tomaba una decisión tan extraña.

Jesús y sus discípulos siguieron a Zaqueo hasta su casa. Jesús preguntó a Zaqueo sobre su profesión. Él respondió que era un recaudador de impuestos para los romanos, pero uno que era honesto y no quería robarle o cobrarle de más, a nadie. Y que, si por accidente, llegaba a equivocarse con las cuentas, él mismo pagaba de su bolsillo a la persona perjudicada.

Jesús decidió que, aunque Zaqueo no fuera judío, sería bendecido porque creía en Jesús, y eso lo hacía un digno hijo de Abraham. Su fe honesta lo salvaría a él y a su familia de las llamas del infierno. Se decía que las profecías se cumplirían pronto, y, aunque los judíos eran el pueblo elegido de Dios, él amaba por igual a los gentiles, siempre que creyeran en Él.

Después de abandonar la casa de Zaqueo, Jesús se dirigió al norte, a Betania, donde se encontraba la casa de María y Martha. Su amigo Lázaro se encontraba también allí. Una vez más, María ungió los pies de Jesús con aceite, y los secó con su largo cabello.

Esta vez, sin embargo, Judas Iscariote estaba allí. Al ver lo que María estaba haciendo con el aceite, protestó: "¡Ese aceite es muy caro! ¿No sería mejor si lo vendiéramos, y donáramos el dinero a los pobres?" Jesús le respondió a Judas "Déjala en paz. Me está preparando para la tumba. Ustedes podrán ayudar siempre a los pobres, pero a mí no me queda mucho tiempo."

Capítulo Veintitrés:
Jesús Entra en Jerusalén

"Las multitudes caminaban delante de él; aquellos que lo seguían, gritaban:

'Hosanna al Hijo de David; Bendito el que viene en el nombre del Señor. ¡Hosanna en las Alturas!'.

Al entrar a Jerusalén, toda la ciudad se agitaba, diciendo: '¿Quién es este?' y las multitudes respondían: 'Es el profeta, Jesús de Nazareth en Galilea'." (Mateo 21:9-11)

Después de pasar la noche con Marta y sus hermanos, Jesús y sus apóstoles se dirigieron al oeste, hacia Jerusalén. En la pequeña aldea de Betfagé, Jesús pidió que le consiguieran una burra, uno que tuviera un borrico. Las profecías antiguas decían que el Rey entraría en Jerusalén montado en un burro.

Cuando los apóstoles encontraron al burro adecuado, pusieron unas mantas como silla, y Jesús montó. La muchedumbre que caminaba frente a él, llevaba hojas de palma en las manos, y dejaba caer sus mantos para que Jesús pasara. Y así se cumplió la profecía de Zacarías, hecha cientos de años atrás: "Regocíjate, Hija de Sión; El Rey ha llegado; es justo, es la salvación, es humilde, montado sobre una burra y su borrico." Los cantos alegres sobre el rey de Israel, acompañaron a Jesús hasta Jerusalén. Este día, que aún celebramos hoy en día, es conocido como el Domingo de Ramos.

Ante las puertas de la ciudad, él proclamó el futuro que aguardaba a Jerusalén: La ciudad sería destruida por los romanos, y del templo no quedaría piedra sobre piedra, puesto que habían rechazado al Hijo de Dios

A la siguiente, Jesús y sus seguidores entraron a Jerusalén. Jesús estaba hambriento; cuando vio una higuera en el patio de alguien, se acercó, pero no encontró higos. Los higos eran considerados, en aquel tiempo, frutas para todos, así que estaba bien si un extraño se acercaba a tomar uno. Jesús miró al árbol, y le dijo: "Ningún fruto saldrá de este árbol." Jesús se refería, en realidad, a los judíos que vivían de Jerusalén; ellos no creían que el Mesías había llegado a Israel, y, tampoco, que Jerusalén sería destruida.

Y así fue: 70 años después de Jesús, los romanos arrasaron con Jerusalén, y del templo no quedó "piedra sobre piedra". Los judíos se vieron obligados a marcharse, e Israel no sería de nuevo un país sino hasta el año de 1948.

Capítulo Veinticuatro:
Problemas en el Templo

"Y Jesús entró en el templo, y vio a los que allí compraban y vendían palomas, y volcó las mesas de los cambistas, y las sillas de los vendedores." (Mateo 21:12)

Jesús se acercó al templo que el rey Herodes había construido, y fue directo a la Puerta. En el patio, numerosos puestos habían sido instalados; se cambiaban monedas judías por persas, pues las primeras ya no valían casi nada. El dinero persa, debido a la crisis, estaba siendo aceptado como donación. Todo este intercambio hacía que las personas visitantes perdieran dinero cada vez que se acercaban al templo, mientras que los cambistas y sacerdotes se volvían cada vez más ricos.

Se vendían también animales para los sacrificios. Eran ovejas y palomas enfermas, que no valían el precio que los vendedores pedían por ellas; como iban ser sacrificadas, los vendedores pensaban que estaba bien venderlas, aunque estuvieran tan enfermas. Por el ruido que todas estas personas montaban, nadie podía escuchar los servicios que se llevaban a cabo dentro del templo.

Dios le dijo a Jesús, que los mercantes solo pensaban en sus beneficios monetarios. A ninguno de ellos le importaba mucho honrarlo con sus ventas. Jesús se enfureció, por primera vez en su vida, y, de un golpe, volcó las mesas de los cambistas y los maldijo, tildándolos de inmerecedores de pisar el templo de Dios.

Gritó: "¡Mi casa debería de ser un ejemplo para todas las naciones, pero ustedes la han convertido en una cueva de ladrones!"

Los niños aún cantaban: "¡Hosanna al Rey de los Judíos!" Los sacerdotes se enojaron con Jesús, pues, ¿por qué se creía el dueño del lugar?, y con los niños, por lo que cantaban sobre él. Fueron con Jesús, y le dijeron: "¿Oyes cómo es que están llamándote?". Jesús los miró, muy serio, y respondió: "De la boca de los niños, sale la verdad perfecta."

Jesús y sus apóstoles dejaron Jerusalén, rumbo a Betania. Cuando pasaron junto a la higuera, vieron que ésta se había secado.

Los sacerdotes buscaban un motivo para acusar a Jesús de blasfemia, un crimen que se castigaban con la muerte. Intentaron enredarlo con palabras, pero él solo les contó parábolas: una sobre un viñedo, otra de un banquete de bodas, para hacerles saber cómo es que Dios y Él mismo, pensaban acerca de su comportamiento como sacerdotes. En lugar de trabajar para Dios, estaban portándose como egoístas y retorcidos falsos profetas.

Jesús y sus apóstoles se reunieron en el Monte de los Olivos. A lo largo de su ministerio, todos esperaban que Jesús fuera ese rey conquistador que echaría a los romanos de Israel. Ellos preguntaron sobre el Final de los Tiempos, pues era muy evidente para los apóstoles, que ese tiempo no llegaría pronto.

Dijeron: "Dinos, ¿cómo sabremos cuándo será el día y la hora de la Segunda Venida de tu Reino?"

Jesús replicó: "Nadie, excepto Mi Padre, conoce el día y la hora. Habrá rumores de guerras, y todos creerán que no deben obediencia a Mi Padre, o a Su Palabra. Pero ustedes sépanlo, que el Día estará cerca."

Les contó acerca del día del Rapto: habrían dos hombres trabajando en el campo, y uno de ellos sería llevado, y el otro dejado. Si estaban dos mujeres moliendo grano, una sería tomada, y la otra dejada. Dios se llevaría a todos sus Hijos, antes de que el Diablo se hiciera con el control absoluto del mundo.

Y les contó algunas parábolas, para ayudarlos a entender: una sobre diez muchachas, que, cargando lámparas de aceite, se fueron a visitar a sus futuros esposos. Cinco de ellas eran previsoras, pues llenaron su lámpara antes de irse, y las otras cinco lo olvidaron. Al llegar a la casa, las cinco distraídas se quedaron fuera, pues no estaban bien preparadas, y sus lámparas se habían apagado ya. Dios quiere que estemos siempre listos.

La segunda parábola, trataba sobre un hombre rico que dio monedas a tres de sus servidores, de acuerdo a cuánto confiaba en él. Al primero le prestó cinco monedas, al segundo dos, y, al tercero, una sola moneda. Y se marchó de viaje.

Cuando regresó, el hombre rico se dio cuenta que el sirviente de las cinco monedas, había multiplicado por dos el dinero. Así que lo felicitó. El segundo sirviente, con sus dos monedas, ¡ahora tenía cuatro! Al enfrentarse con el tercer sirviente, él dijo que, por miedo a perderlo, mejor había enterrado la moneda en la tierra. El hombre rico, molesto, le quitó la moneda, y se la dio al sirviente que ahora tenía diez. Con esta parábola, Jesús quiso decir que Dios daba oportunidades al hombre para que prosperara, pero, si los humanos eran desobedientes, perezosos, y no creían en Él, terminarían perdiéndolo todo.

Capítulo Veinticinco:
La Última Cena

"Mientras cenaban, Jesús tomó un pan, lo bendijo, y lo pasó entre sus discípulos, diciendo: 'Tomen, este es Mi cuerpo'. Y tomó un cáliz, lo bendijo, y se lo pasó entre sus discípulos, diciendo: 'Esta es mi sangre, sangre de la Alianza, que será derramada por todos ustedes para el perdón de los pecados'." *(Mateo 26:26-28)*

Jesús se encontró con sus apóstoles, para tener una última cena con ellos en casa de Marta. Era el Sabath, antes de la Fiesta de Pascua. Y así iniciaría la última semana de Jesús sobre la tierra; los doce, todos, estaban con Él.

Una típica comida en el Israel de ese tiempo, consistía en un estofado de la carne que pudieran permitirse, y una mezcla de vegetales asados al fuego. Todos se sentaban al suelo, alrededor de una mesa baja que apenas si levantaba seis pulgadas del suelo. Su pan no era como el pan moderno que todos conocemos, sino que era un pan plano, parecido al pan de pita. Como las cucharas aún no habían sido inventadas, este estofado se vertía en cuencos, y lo comías ayudándote con el pan de pita.

Jesús les enseñó que, cada que comieran, lo recordaran; estaba a punto de morir para limpiar los pecados de todo el mundo. Partió su pan en pedazos pequeños, y se los pasó a sus amigos. Dio las gracias a Dios, y les dijo que lo comieran, pues era su cuerpo.

Luego, tomó su vaso de vino; debió de haber sido de cristal o de barro, como era común en aquella época. Rezó a Dios, y le dijo a sus apóstoles que bebieran de él, pues era su sangre, que lavaría los pecados del mundo.

A través del Antiguo Testamento, los judíos sacrificaban animales como un pago por el pecado. Dios le había pedido al mismísimo

Abraham, que le sacrificara a su hijo Isaac en una montaña. Abraham había pensado que de verdad tendría que matar a Isaac, pero, Dios, viendo su fe, lo proveyó de un carnero para el sacrificio. Durante la Pascua en Egipto, Dios pidió a los israelitas que sacrificaran corderos jóvenes, y pintaran los dinteles de sus puertas con la sangre, para que el Ángel de la Muerte no los visitara. En el Templo, se sacrificaban palomas, o corderos.

Los apóstoles no entendieron lo que Jesús quería decirles, porque aún no sabían exactamente qué era lo que sucedería. Pero lo recordaron después, y es por eso que la Sagrada Comunión aún se practica en la Iglesia; Jesús quería que recordáramos su sacrificio en nuestras comidas, y que siempre estuviéramos muy agradecidos a Dios por perdonarnos los pecados.

En la comida, Jesús y Judas Iscariote alcanzaron el jarro del vino al mismo tiempo. Sus manos se tocaron, y Jesús proclamó que Judas lo traicionaría. Judas ya había ido con los sacerdotes del templo, y lo había vendido por treinta monedas de plata. Jesús no lo sabía, pero Dios se lo dijo.

Después de que comieron, Jesús llenó un cuenco con agua, y se dispuso a lavarles los pies a sus apóstoles, en un gesto de servicio para con ellos. Pedro protestó, pues no era possible que el Maestro fuera el que les lavara los pies a los sirvientes. Jesús le dijo que era una lección, pues todos los hombres debían ser sirvientes de su prójimo, para enseñar así con práctica sobre la bondad de Dios.

Luego, Jesús y sus amigos se sentaron en un círculo, y Jesús se dispuso a enseñarles cosas nuevas: Dios preparaba un lugar especial para ellos en el Cielo, y algún día vivirían allí, para siempre, en hermosas mansiones porque habían visto al Señor y su Obra. El Espíritu Santo bajaría sobre ellos un día cercano, y podrían hacer todos los milagros de Jesús, y aún más; cuando Jesús se fuera, el Espíritu Santo los confortaría, y susurraría para ellos los designios de Dios.

Al final de la enseñanza, rezó con ellos una hermosa oración. Agradeció a Dios por el tiempo que le habría permitido estar con sus amigos; rezó por que ellos esparcieran Su Palabra con éxito por todo el mundo, que vivieran de acuerdo a los deseos de Dios, y que fueran siempre benditos. Jesús habló con estas palabras a sus apóstoles, y nos han llegado hasta el día de hoy:

"No se turben; crean en Dios y crean también en Mí. En la casa de mi Padre hay muchas habitaciones. De no ser así, no les habría dicho que voy a prepararles un lugar... Yo estoy con el Padre, y el Padre está en Mí. Créanme en esto; o si no, créanlo por las mismas obras. En verdad les digo: El que crea en Mí, hará las mismas obras que yo hago y, como ahora voy al Padre, las hará aún mayores. Todo lo que pidan en mi Nombre, lo haré, de manera que el Padre sea glorificado en su Hijo. Y también haré lo que me pidan invocando a mi Nombre... Les dejo la paz, les doy mi paz. La paz que yo les doy no es como la que da el mundo. Que no haya en ustedes

angustia ni miedo. Saben que les dije: Me voy pero volveré a ustedes. Si me amaran, se alegrarían de que me vaya al Padre, pues el Padre es más grande que yo... Yo soy la vid verdadera, y mi Padre es el Labrador. Toda rama que no da fruto en mí, la corta. Y todo sarmiento que da fruto lo limpia para que dé más fruto. Ustedes ya están limpios gracias a la palabra que les he anunciado, pero permanezcan en mí como yo permanezco en ustedes. Un sarmiento no puede producir fruto por sí mismo si no permanece unido a la vid; tampoco ustedes pueden producir fruto si no permanecen en mí. Yo soy la vid, y ustedes los sarmientos. El que permanece en mí y yo en él, ése da mucho fruto, pero sin mí no pueden hacer nada. Al que no permanezca en mí, se tirará y secará... Como el Padre me amó, así también yo los he amado a ustedes: permanezcan en mi amor. Si cumplen mis mandamientos, permanecerán en mi amor, como yo he cumplido los mandamientos de mi padre y permanezco en su amor. Les he dicho todas estas cosas para que

mi alegría esté en ustedes, y su alegría sea
completa. Este es mi mandamiento: que se amen
los unos a los otros como yo los he amado. No
hay amor más grande que dar la vida por sus
amigos. (Juan 14:1,2; 11-14; 27-28, Juan 15:1-5;
9-13, 17)

Más tarde esa noche, Jesús y sus apóstoles
dejaron la casa de Marta en Betania, atravesando
el Monte de los Olivos, para quedarse en un bello
jardín llamado Getsemaní. Jesús les dijo que lo
esperaran, pero pidió a Pedro, Santiago y Juan,
que lo siguieran; el Maestro estaba triste y
callado durante la caminata, y les pidió lo dejaran
ir solo más allá a orar.

Jesús cayó de rodillas, y juntó sus dos manos:

"Padre Mío, si es posible, no me hagas beber de
esta copa; pero que no se haga mi Voluntad, sino
la Tuya."

Jesús sabía que la hora de su terrible tortura y
muerte estaba cerca, tal como lo habían escrito
los profetas. Aunque no quería morir, Jesús

confiaba en que Dios le daría el coraje y la fuerza necesarias para cumplir con su destino de librar al mundo del pecado. Aceptaba que, si no había otra forma de cumplirlo, se cumpliera la voluntad de su Padre.

Los apóstoles se habían quedado dormidos, así que Jesús los despertó a todos para que volvieran a Betania.

Capítulo Veintiséis:
La Pasión de Cristo

"Formaron una corona con espinas, y la pusieron en su cabeza. Después, le dieron un carrizo para su mano derecha; se inclinaban delante de Él, diciendo: 'iSalve, Rey de los Judíos!' Le escupían, y le arrebataron el carrizo, para golpearlo con él." (Mateo 27:29-30)

Judas el traidor, después de la cena, había ido a reunirse con los sacerdotes en el templo, y les dijo que identificaría a Jesús, cuando vinieran a arrestarlo, con un beso en la mejilla.

A media noche, Jesús despertó pues Judas venía por el camino, acompañado de los sacerdotes, y de soldados armados con espadas y palos con clavos. Judas se acercó a Jesús, y lo besó en la mejilla. De inmediato, los soldados arrestaron a Jesús. Pedro sacó su espada y le cortó la oreja a uno de los soldados. Pero Jesús curó al soldado, y

125

les dijo a sus apóstoles que había llegado la hora; si Dios quisiera salvarlo, ya habría mandado a una horda de ángeles.

Los soldados tomaron a Jesús, y lo llevaron frente a uno de los más respetados sacerdotes, llamado Anás, que ordenó que llevaran al prisionero a su nuero, el sumo sacerdote Caifás. Caifás preguntó a Jesús sobre el tipo de cosas que enseñaba, y Él respondió que enseñaba sobre las cosas de Dios y el Cielo; puesto que todos lo habían escuchado y nunca iba en secreto, se preguntaba por qué Caifás le hacía una pregunta tan obvia.

Uno de los soldados abofeteó a Jesús por contestarle al sumo sacerdote, y después le vendó los ojos. Todos se burlaron de Él. Caifás ordenó que se lo llevaran al consejo de los fariseos.

El Sanedrín, conocido también como la Sala de Cantera, se encontraba en la esquina suroeste del Templo. Allí, los hombres más versados sobre la ley de Moisés, se reunían a tomar las decisiones sobre el destino de los blasfemos. Pasaba de la medianoche, y todos los miembros del Sanedrín fueron mandados a llamar desde sus casas.

Ellos interrogaron a Jesús, tratando de encontrar una excusa para mandarlo ejecutar. Los testigos dijeron que todo lo que Jesús hacía, honraba a dios. Por fin, dos hombres declararon que Jesús había amenazado con destruir al templo, que había dicho que era el Mesías, el hijo de dios, y que resucitaría a los tres días. El Sanedrín declaró culpable de blasfemia a Jesús, y lo sentenciaron a morir. Pero como Caifás no quería ser el responsable directo, lo envió con el gobernador romano de Judea.

El palacio de Justicia en Jerusalén, era en donde vivía el gobernador romano. Ya amanecía. Como los judíos ya no podían tener contacto con los gentiles pues era la Pascua, mandaron llamar al gobernador, Poncio Pilato. Le dijeron a Pilato que Jesús era un criminal, pero como el Sanedrín no podía ejecutar a nadie, necesitaban que Pilato lo hiciera.

Pilato se llevó a Jesús para interrogarlo: "¿Eres tú el Rey de los Judíos?" Jesús replicó que era un rey, pero no de este tiempo ni de esta tierra. Pilato decidió que Jesús no era culpable, y así se lo comunicó al Sanedrín. Los judíos estaban muy enojados, pero Pilato, al escuchar que Jesús solía enseñar en la zona de Galilea, fue a informarse con el rey Herodes.

Herodes estaba feliz de ver a Jesús, pues había escuchado cosas maravillosas sobre él, y esperaba que hiciera algunos milagros. Pero Jesús se negó, y Pilatos, muy enojado, regresó a Jesús.

Era una tradición judía, el soltar a uno o dos prisioneros antes de la Pascua; votaban por cuál sería liberado. Pilato quiso liberar a Jesús, pues era un hombre inocente, pero las reglas judiciales no se lo permitían. Así que tomó a un asesino muy malo, llamado Barrabás, y preguntó a la multitud a cuál de los dos prisioneros debía perdonar. Pilatos se imaginaba que Barrabás, siendo tan malo, no le caía bien a nadie, así que no pedirían por su perdón. Sin embargo, los sacerdotes habían pagado con oro a muchas personas, que comenzaron a gritarle que soltara a Barrabás. Poncio Pilatos se lavó las manos, declarando que la muerte de Jesús recaería únicamente sobre los judíos.

Los soldados se llevaron a Jesús. Lo despojaron de sus ropas, y le pusieron en su lugar una túnica roja del gobernador. Uno de los soldados formó con espinas una corona; al ponerla de cierta forma en la cabeza de Jesús, las espinas lo lastimaron. Jesús nunca se quejó.

Luego, le dieron un palo grueso; los soldados se inclinaban ante Él, burlándose a gritos: "¡Salve, Rey de los Judíos!" Lo escupían también a la cara, y le daban puñetazos en la nariz. Luego tomaron un látigo, que tenía en las puntas unos filos muy peligrosos de metal. Jesús quedó muy maltrecho luego de los latigazos; estaba tan lastimado, que apenas si seguía pareciendo un ser humano.

Pilatos volvió a sacarlo al patio de afuera, frente a los sacerdotes, con la esperanza de que se apiadaran de él. Pero ellos dijeron: "¡Crucifícalo!" Pilatos le dijo a la multitud: "Aquí está su rey." Todos respondieron: "¡El César es nuestro único rey, a ese crucifícalo!" Pilato, negando con la cabeza, hizo una seña y los soldados se acercaron a llevarse a Jesús, pues lo prepararían para la crucifixión.

Jesús soportó orgulloso su martirio; el más grande que ningún hombre ha soportado jamás. Pasó por todo ese sufrimiento para desterrar a la maldad del mundo que nos apresaba. Es por eso que ahora podemos nosotros estar con Dios, sabiendo que Él siempre nos acompaña.

Capítulo Veintisiete:

La Crucifixión y Muerte de Jesús

"Llegaron al Gólgota, que en hebreo significa 'La Calavera'. Le dieron a beber una esponja empapada en vinagre y vino. Cuando lo probó, Él no quiso beber más. Y lo crucificaron, repartiéndose sus ropas. Jesús exhaló su último grito, y entregó su Espíritu." (Mateo 27:33-35, 50)

Después de la tortura a manos de los soldados romanos, le pusieron su túnica y se lo llevaron para crucificarlo. Ya no se usa ahora, pero antes, la crucifixión era el modo en el que los romanos mataban a los esclavos que había cometido graves crímenes. Lo usaban como una advertencia para que los otros esclavos fueran más obedientes a sus amos. Un árbol grande, con un cartel que indicaba los crímenes del acusado, era clavado al piso. Después, al prisionero se le martilleaban, los brazos extendidos, sus manos a una tabla. Los prisioneros eran forzados a caminar hasta el lugar de la crucifixión con la tabla ya adherida a sus manos. Al colgarlos del árbol, se formaba una cruz. El ajusticiado, a menudo, moría de hambre, o por estrangulamiento. Era un acto muy cruel...

Como Jesús no podía con su propia tabla, los soldados ordenaron a un hombre, Simón, un cirineo visitante por las Pascuas, que lo ayudara hasta que llegaran al lugar de destino. Junto con otros dos criminales, todos avanzaron.

Los soldados condujeron la marcha hasta un monte situado al lado este del Jordán, desde donde se veía el Templo. Ese lugar era llamado "La Calavera", o Gólgota. En la actualidad, todavía existe allí una formación rocosa con una forma parecida, de ahí el nombre. Los soldados le dieron a beber a Jesús, una mezcla nauseabunda de vino, con algo que lo ayudaría a que ya no doliera tanto. Jesús lo probó, pero lo escupió, y se negó a beber más. Quería pasar por la experiencia completa, sin sedantes, tal como estaba escrito.

Despojaron a Jesús de su túnica, dejándolo solo con la ropa interior, y lo clavaron al árbol. Una multitud se había arracimado para verlo todo. Entre ellos estaba María, la madre de Jesús. Los otros prisioneros también fueron crucificados.

Dado que la Pascua estaba a punto de comenzar, cientos de miles de personas visitaban el templo. Desde el templo se veía el lugar de la crucifixión en el Gólgota. Jesús estaba silencioso y en paz, mientras todos a su alrededor, incluyendo su madre y familiares, lloraban desconsolados.

Los sacerdotes tomaron una tabla, y escribieron en ella: "Jesús de Nazareth, Rey de los Judíos." Los soldados reían, diciéndole: "¡Si eres el Hijo de Dios, pídele que te baje de la cruz!"

El hombre crucificado a la derecha de Jesús, le preguntó: ¿Me salvarías a mí?" Jesús respondió, esbozando apenas una sonrisa: "Te prometo que hoy te veré en el Paraíso." Aunque el otro crucificado a su izquierda se burló de él, Jesús estaba prometiendo que la tierra se convertiría de nuevo en el Paraíso, cuando llegara la hora de su Segunda Venida; los hombres resucitarían, y tendrían vida eterna.

Los cielos, de pronto, se volvieron grises, a partir de las 3 de la tarde, hasta las seis. Como se ponía oscuro, los sacerdotes dijeron a los soldados que Jesús no podía quedarse allí durante la Pascua. Uno de los soldados tomó una lanza de cabeza de metal, y con ella atravesó, justo debajo de las costillas, a Jesús; Él sangró mucho.

Jesús gritó: "Dios, mi Dios, te entrego mi Espíritu." Y murió en la cruz.

Justo en ese momento, Jerusalén se sacudió con un terremoto espantoso, y todos cayeron al suelo. Dentro, en el templo, la cortina que velaba la entrada la Cámara Sagrada se rasgó de arriba a abajo por la mitad. Muchos de los testigos, arrepentidos, dijeron: "Verdaderamente éste era el Hijo de Dios."

Jesús murió al principio de la Pascua, en el peor suplicio que jamás un hombre haya pasado antes. Fue el Perfecto Adán, el Cordero Elegido por Dios para borrar por siempre los pecados del mundo. Podemos volver a Jesús cuando pequemos, para pedirle que nos perdone, y así podamos estar con Él en la Vida Eterna en el Paraíso.

Capítulo Veintiocho:

Jesús Resucita

"El ángel dijo a las mujeres: 'No teman. Si buscan a Jesús el crucificado, no está aquí, pues ha Resucitado. Vengan a ver el lugar donde lo pusieron. Vayan y díganles a sus discípulos que viajen a Galilea, porque allí lo verán.'." (Mateo 28:5-7)

Un hombre rico llamado José de Arimatea, tenía una cueva funeraria cerca, y uno de los discípulos de Jesús fue a decirle a María, su madre, y ella preguntó a la familia si Jesús podía ser enterrado allí. La caverna estaba recién excavada, y no habían sepultado a nadie todavía. José estuvo de acuerdo; envolvieron con telas a Jesús, y lo depositaron en un carro. María Magdalena y las demás fueron a Jerusalén a comprar las especias para preparar el cuerpo; pronto volvieron, y los hombres depositaron a Jesús en uno de los nichos. Una piedra gigantesca fue rodada hasta la entrada, bloqueándola.

Al día siguiente, los sacerdotes judíos fueron con Poncio Pilatos para pedirle que los soldados custodiaran la tumba, pues temían que alguien se robara el cuerpo. Si los discípulos aprovechaban la situación, podrían fingir y decirles a todos que el nazareno había resucitado, con lo que los alborotos en Jerusalén continuarían.

La mañana del domingo, María Magdalena y María, la madre de Jesús, fueron a visitar la tumba. Cuando ya estaban cerca, otro terremoto sacudió la tierra. Un ángel apareció frente a ellas, y la piedra en la tumba rodó sola hasta desbloquear la entrada. Los soldados se desmayaron ante la visión del ángel. Al aproximarse las mujeres, el ángel habló: "Jesús no está aquí, ¡ha resucitado! Véanlo por ustedes mismas."

Ellas hicieron como lo decía el ángel, y vieron abandonadas en el nicho las telas que lo habían envuelto. Jesús no estaba. Cuando salieron, el ángel continuó: "Vayan a Galilea, allí lo verán resucitado."

María, llorosa, se volvió. A un hombre que estaba allí parado, que pensó era el jardinero, le preguntó quién era el culpable de robarse el cuerpo de Jesús. El hombre dijo: "María". Ella se secó las lágrimas, pues reconoció la voz. ¡Era Jesús, resucitado! Corrió para darle un gran abrazo, pero él le pidió que esperara, pues primero debía ir con su Padre en el Cielo.

Capítulo Veintinueve:
Las Dudas de Tomás

"Pero Tomás, uno de los Doce, llamado el Gemelo, no estaba con ellos cuando Jesús se les apareció. Los otros discípulos le decían: 'iHemos visto al Señor!' Tomás les contestaba: 'Hasta que no vea en sus manos las huellas de los clavos, y meta la mano en su costado, no creeré'." (Juan 20:24-25)

María volvió con los apóstoles, y los encontró escondidos en la habitación de una posada. Estaban muy asustados, porque los sacerdotes podrían estarlos buscando. María les dijo que el ángel de Dios se les apareció, que habían visto a Jesús, y que la tumba estaba vacía. Ahora, deberían regresar todos a Galilea, porque allí verían a Jesús. Sin embargo, los apóstoles no le creyeron.

Al día siguiente, dos de los discípulos de Jesús iban de camino de Jerusalén, a un pueblo llamado Emaús. Comentaban entre ellos lo terrible de los acontecimientos de los días pasados. De pronto, un hombre les salió al paso a preguntarles por qué estaban tan tristes. Ellos dijeron: "¿Cómo es que no te has enterado de lo que ha pasado en Jerusalén?" Y le contaron sobre Jesús, la crucifixión, y lo que María les dijo sobre la tumba vacía y Cristo resucitado.

Entonces, mientras caminaban, el extraño les contó sobre las antiguas profecías del Mesías, y ellos pensaron que, sin duda, el hombre era muy sabio, así que lo invitaron a cenar con ellos. Él estuvo de acuerdo; en la cena, al partir él el pan, se les abrieron los ojos, ¡y se dieron cuenta que era Jesús! De inmediato, Jesús desapareció.

Al siguiente día, cuando los discípulos aún se escondían, Jesús se apareció frente a ellos. "La paz sea con ustedes", dijo, mostrándoles los agujeros en sus manos, y la herida en el costado. Luego, preguntó: "¿Tienen algo de comer?". Ellos le pasaron un pescado asado a la parrilla, y un trozo de panal chorreante de miel. Jesús, después de comer, les dijo que pronto recibirían al Espíritu Santo: cuando vieran las lenguas de fuego, debían inhalar con fuerza.

Cuando Jesús se fue, Tomás, que no estaba presente, llegó. Todos, muy emocionados, le contaron lo que acaba de pasar. Tomás no les creyó, y dijo: "Solo creeré cuando lo vea con mis propios ojos."

Ocho días después, por fin estuvieron todos juntos. Esperaban a que las cosas se calmaran, para volver a Galilea. Jesús se apareció de nuevo, y, esta vez, enfocó su atención en Tomás. Lo hizo meter los dedos en las llagas de sus manos, y la mano en el costado. Tomás, cayendo de rodillas, quedó convencido finalmente, diciendo: "¡Mi Señor y Dios!"

Asegurándose de que todos podían escucharlo, Jesús lo miró, y declaró: "Tomás, tú crees porque me has visto, pero dichosos aquellos que creerán sin haberme visto."

¡Jesús hablaba de ti, y de mí!

Todos los apóstoles regresaron a sus casas en Galilea. Jesús continuó apareciéndose para enseñarles las cosas que necesitaban saber. En una ocasión, todos los apóstoles fueron al mar de Tiberíades, el nombre que los romanos le daban al Mar de Galilea. Habían pescado toda la noche, sin mucho éxito.

Al amanecer, Jesús en la orilla les preguntó de nuevo si tenían algo de comer. Como ellos dijeron que no, Él les dijo: "Echen de nuevo las redes." ¡Apenas si pudieron sacarlas! Estaban tan llenas de peces, que se habían vuelto pesadísimas. Al volver a la orilla, prepararon una fogata, y elaboraron un delicioso desayuno de pan y pescado frito.

Las escrituras nos dan un vistazo sobre cómo viviremos en el futuro. Nuestros cuerpos serán eternos, como el de Jesús; estaremos con nuestros amigos y familia. Podremos comer y beber mientras disfrutamos de la compañía de los seres queridos. No estaremos flotando en las nubes... ¡Disfrutaremos de la tierra convertida en Paraíso!

Capítulo Treinta:

La Ascensión

"Dichas estas cosas, subió a los cielos. Mientras aún miraban hacia arriba, dos hombres de blanco se les acercaron. 'Hombres de Galilea, ¿por qué miran al cielo? Jesús volverá de la misma manera en que lo han visto irse.'." (Hechos 1:9-11)

Durante cuarenta días, Jesús enseñó a sus apóstoles todo lo necesario para que continuaran con su misión en la tierra. También se apareció, con

Pedro y Santiago, frente a una multitud de quinientos seguidores.

Pero Jesús sabía que era hora de irse. Les dijo a sus apóstoles que regresaran a Jerusalén, y fueran a lo más alto del Monte de los Olivos.

Allí, Jesús les dijo que era hora de su partida. Estaban todos, menos Judas Iscariote; les encomendó su última misión especial:

"Recibirán la fuerza del Espíritu Santo cuando venga sobre ustedes, y serán mis testigos en Jerusalén, en toda Judea, en Samaria y hasta los extremos de la tierra." (Hechos 1:8)

"Vayan, pues, y hagan que todos los pueblos sean mis discípulos. Bautícenlos en el Nombre del Padre, del Hijo, y del Espíritu Santo, y enséñenles a cumplir todo lo que yo les he encomendado a ustedes. Yo estoy con ustedes todos los días hasta el fin de la historia." (Mateo 28:19-20).

Después de que Jesús les enseñó todo sobre el Espíritu Santo, él prometió: "Estaré con ustedes hasta el fin del mundo." Luego, les pidió que lo acompañaran al camino de Betania.

Jesús les dijo que estuvieran preparados para el fin de los tiempos, ya que la hora y el día, solo Dios la conocía. Mientras tanto, debían regresar a Jerusalén para la venida del Espíritu Santo. Ellos serían "sus testigos en Judea, Samaria, y todos los rincones del mundo. Los apóstoles aún no comprendían que no sólo debían hacerlo con los judíos, sino con todas las personas del mundo.

Cuando terminó de decirles todas estas cosas, Jesús se elevó al cielo y desapareció. Sus apóstoles, maravillados, contemplaron el punto por dónde Él había desaparecido. Al mirar hacia abajo, se toparon con dos ángeles, que les dijeron: "Él volverá de la misma forma que lo han visto marcharse."

Los apóstoles regresaron a Betania, y de allí a la habitación. Esperaron, fieles la venida del Espíritu Santo que Jesús les prometiera.

Esto completó el ministerio de Jesús sobre la tierra. Los cuatro evangelios no contienen todas las maravillas que Jesús realizó: ni siquiera todos los libros del mundo podrían contarlo, pues serían demasiadas. Pero los evangelios fueron suficientes para que las personas supieran que Jesús era el Cristo, el Hijo de Dios que daría vida eterna a quien creyera en Él.

Capítulo Treinta y Uno:
El Espíritu Santo

"Cuando llegó el día de Pentecostés, se encontraban reunidos. Y, de pronto, vino del cielo un ruido como de un viento violento, y llenó toda la casa. Y aparecieron lenguas de fuego sobre sus cabezas. Y quedaron llenos del Espíritu Santo, y comenzaron a hablar en lenguas, según el Espíritu les concedía que se expresasen." (Hechos 2:1-4)9

Esa semana, era una semana especial. Se celebraba otra de las festividades judías especiales, donde todos acudían al templo, llamada Pentecostés, o el Banquete de las Primeras Frutas. Se celebraba cincuenta días después de Pascua, durante los días de los primeros cultivos maduros. Desde que Jesús fue el Cordero, ellos celebrarían los Primeros Frutos del Espíritu Santo.

Los apóstoles se quedaron en la misma habitación donde se les había aparecido Jesús. María fue a visitarlos, y comentaron sobre todos los acontecimientos pasados con Jesús.

Los apóstoles, durante su estadía en Jerusalén, decidieron que necesitaban un nuevo compañero para llenar la posición de Judas como uno de los líderes del grupo de los Doce. Judas se suicidó lanzándose sobre una espada, pues quedó devastado al darse cuenta de que había, en verdad, traicionado a su Maestro; fue enterrado en un cementerio pagado por las mismas 30 monedas que obtuvo por traicionar a Jesús.

Los apóstoles, de entre todos los fieles más devotos, escogieron a dos de los más comprometidos: Matías y José. La muchedumbre votó, y Matías se volvió el nuevo apóstol.

La ciudad de Jerusalén estaba repleta de gente que venía por Pentecostés, y no cabía ni un alfiler más en los patios exteriores; los apóstoles iban todos juntos para honrar los ritos de acuerdo a la ley de Moisés. En cuanto encontraron lugar, se sentaron en un círculo al suelo. Vino entonces un sonido de vendaval y unas doce lenguas como de fuego aparecieron encima de las cabezas de los apóstoles.

Ellos supieron que era el signo de Dios sobre el que Jesús les hablara. Ellos tomaron un hondo aliento, y comenzaron a hablar en otros idiomas. Unos hablaban las lenguas terrenales, otros las de los ángeles; los lenguajes iban cambiando, y entonces todos los visitantes pudieron escuchar a los doce apóstoles alabando a Dios en sus propias lenguas.

Habían partos, medos, persas, egipcios, libios, cretenses, árabes y muchos otros más; todos ellos escucharon, en su propio lenguaje, de la boca de los galileos, las maravillas de Dios. ¡Fue increíble!

Algunos dijeron que los apóstoles estaban borrachos. Pedro, al escucharlos, se levantó y proclamó con voz potente: "Hombres de Jerusalén, Judea y todo el mundo, ¡no se sorprendan! Apenas es mediodía, no podemos estar borrachos. Esto es lo que se había profetizado cientos de años atrás por el profeta Joel; ¡Dios derramará su Espíritu Santo sobre aquel que crea en su Hijo, el Salvador Resucitado!

Capítulo Treinta y Dos:
Nuevos Reclutas

"Pedro siguió insistiendo con más argumentos. Los exhortaba diciendo: 'Aléjense de esta generación perversa, y sálvense.' Los que acogieron la palabra de Pedro se bautizaron, y aquel día se unieron a ellos unas tres mil personas. Eran asiduos a la enseñanza de los apóstoles, a la convivencia fraternal, a la fracción del pan y a las oraciones." (Hechos 2:40-42)

En el día de Pentecostés, Pedro, sacudiendo el puño a las masas que habían pedido la muerte de Jesús, enseñó a todos sobre la salvación, Jesucristo, y su ministerio en la tierra; Jesús era ahora el Señor del universo entero, el Cristo y el Mesías que todos habían estado esperando.

Pedro les dijo que el rey David también había profetizado sobre Jesús; escribió que creía en el Mesías, y que, a pesar de que moriría, esperaba su llegada, y que deseaba ser resucitado por Él. Y que este Jesús, asesinado por los judíos, había resucitado como el Salvador, Señor y Cristo.

"Israelitas, escuchen mis palabras: Dios acreditó entre ustedes a Jesús de Nazareth. Hizo que realizara entre ustedes milagros, prodigios y señales que ya conoce. Ustedes, sin embargo, lo entregaron a los paganos para ser crucificado y morir en la cruz, y con esto se cumplió el plan que Dios tenía dispuesto. Pero Dios lo libró de las ataduras de la muerte y lo resucitó, pues no era posible que quedase bajo el poder de la muerte. Escuchen lo que David decía a su respecto:

'VEO CONSTANTEMENTE AL SEÑOR DELANTE DE MÍ; ESTÁ A MI DERECHA PARA QUE NO VACILE. POR ESO SE ALEGRA MI CORAZÓN Y TE ALABO MUY GOZOSO, Y HASTA MI CUERPO ESPERARÁ EN PAZ.

PORQUE NO ME ABANDONARÁS EN EL LUGAR DE LOS MUERTOS, NI PERMITIRÁS QUE TU SANTO EXPERIMENTE LA CORRUPCIÓN. ME HAS DADO A CONOCER LOS CAMINOS DE LA VIDA, ME COLMARÁS DE GOZO CON TU PRESENCIA.'

Hermanos, no voy a demostrarles que el patriarca David murió y fue sepultado: su tumba se encuentra entre nosotros hasta el día de hoy. David era profeta y Dios le había JURADO QUE UNO DE SUS DESCENDIENTES SE SENTARÍA SOBRE SU TRONO. Por eso vio de antemano y se refirió a la resurrección del Mesías con estas palabras: 'NO SERÁ ABANDONADO EN EL LUGAR DE LOS MUERTOS, NI SU CUERPO EXPERIMENTARÁ LA CORRUPCIÓN.' Es un hecho que Dios resucitó a Jesús; de esto todos nosotros somos testigos. Después de haber sido exaltado a la derecha de Dios, ha recibido del Padre el don que había prometido, me refiero al Espíritu Santo que acaba de derramar sobre nosotros, como ustedes están viendo y oyendo." (Hechos 2:22-33)

Tres mil personas de la audiencia creyeron en las palabras de Pedro, y fue así como la Iglesia comenzó. Los apóstoles dividieron a todos en grupo y, repartiéndose los apóstoles veteranos que habían conocido a Jesús, compartían las comidas con los creyentes para enseñarles acerca de todas las cosas que Jesús había enseñado y obrado a lo largo de su ministerio.

Los cristianos siguieron creciendo, pasando el mensaje de casa en casa. Muchos donaron a la Iglesia sus bienes, así las carencias de los nuevos creyentes podrían ser suplidas. El mensaje de Jesucristo se esparció por toda Judea, Galilea, Samaria, y los países circundantes.

Un día, Pedro y Juan fueron al templo a orar, y conocieron, cerca de la Puerta Hermosa, una de las puertas de las murallas del templo, a un mendigo que pedía unos centavos para comer. Los apóstoles se le acercaron a hablarle de Dios,

Jesús, y dijeron por fin: "En el nombre de Jesucristo Nazareno, levántate y camina."

Mientras ayudaban al hombre a levantarse, las piernas de él sanaron; después de abrazar a Pedro y a Juan, el hombre salió corriendo en dirección al interior del templo, bendiciendo a Dios. Pedro preguntó a la impresionada multitud: "¿De qué se admiran? Para el Dios de Abraham e Isaac no hay imposibles, así que lo ha curado. Jesús, el hombre que ustedes asesinaron, murió por los pecados de todos ustedes. Arrepiéntanse, vuelvan a Dios." Por este discurso, más personas renunciaron al pecado, uniéndose a la causa de los apóstoles.

En la Iglesia Cristiana de los primeros tiempos, no todo era alegría y felicidad. Tras bastidores, muchas personas tramaban su caída. Ananías y su esposa Safira, por ejemplo, vendieron un terreno de su propiedad para donar a la Iglesia. Sin embargo, se guardaron parte del dinero para ellos. Al enterarse los apóstoles, los llamaron mentirosos: no porque se hubieran quedado con el dinero, sino porque presumían de su caridad ante todos en la Iglesia. Ananías se quedó tan avergonzado ante la acusación, que abandonó la Iglesia, y murió allí mismo en el umbral.

Los apóstoles se metieron en muchos problemas con los fariseos y sacerdotes, los mismos responsables de la crucifixión de Jesús; los apóstoles fueron arrojados a la cárcel, pero un ángel vino y les abrió la puerta para que salieran. A la mañana siguiente, ante las narices de los sacerdotes, ellos volvieron a predicar a todo pulmón.

Los sacerdotes, furiosos, dijeron a los apóstoles: "Su doctrina invade toda Jerusalén, ¿y ahora intentan culparnos de la muerte del nazareno?

Pedro, molesto, contestó en nombre del grupo: "Creemos en Dios, antes que en el hombre. ¡Y ustedes lo crucificaron en una cruz! Pero Dios lo resucitó para el perdón de los pecados, envió al Espíritu Santo, y nosotros somos testigos de que estas cosas son verdad."

Uno de los fariseos más sabios, Gamaliel, se llevó aparte a sus compañeros, y les dijo: "Déjenlos en paz. Si es un truco, o mentira, caerán por sí solos. Pero si en verdad están con Dios, y vienen de Él, no podremos hacer nada para detenerlos." Después de golpear a los apóstoles, y prohibirles que volvieran a predicar en nombre de Jesús, los dejaron ir. Pero a los apóstoles, nadie podía detenerlos. Siguieron predicando y visitando en sus casas a sus seguidores.

La expansión más grande de la Iglesia Cristiana, es atribuida al apóstol Pedro. El discípulo Felipe el Evangelista predicaba en Samaria. Aunque la gente lo escuchaba y creía en él, nadie renacía en el Espíritu Santo. Felipe estaba intrigado, y las pesquisas pronto lo llevaron a la respuesta: un brujo llamado Simón había hechizado a la gente para que no se convirtiera al cristianismo. Felipe fue capaz de exorcizar a Simón, y lo convirtió. Muchos se bautizaron. Pedro y Juan, al haber escuchado del problema, se acercaron a Samaria.

Allí, impusieron la manos, y el Espíritu Santo bajó sobre todos ellos.

El apóstol Pedro fue a Cesárea, a casa de un gentil, para enseñarle sobre la Verdad. Pedro, en realidad, no estaba muy convencido, pues todavía no aceptaba del todo la idea de evangelizar a los no judíos. Entonces Jesús, en su sueño de esa noche, le mostró una imagen: una red de pesca, que había atrapado en su interior a todo tipo de peces, incluyendo a los considerados impuros por los judíos; Jesús le dijo que lo que

Dios limpiaba, quedaba limpio, y no importaba lo demás. Así que Pedro fue de buen grado a la casa de Cornelio, el soldado romano. Cornelio y toda su familia escucharon a Pedro; el Espíritu Santo bajó sobre ellos, y comenzaron a hablar en lenguas. Pedro quedó conmovido al ver que Dios amaba también a los gentiles, y que los incluiría en su rebaño al enviarles el Espíritu Santo.

Los otros apóstoles no creyeron lo que Pedro les contó después, pues iba en contra de todo lo enseñado por Moisés. Pero Pedro los convenció con una frase certera: "¿Quiénes somos para oponernos a Dios?" Sintiéndose muy felices, los apóstoles glorificaron a Dios y su generosidad infinita hacia todos sus hijos

Como ahora la iglesia se expandía a los gentiles, el rey Herodes ordenó su persecución; al apresarlo, mató a Santiago, el hermano de Juan. A Pedro lo arrestaron, encadenándolo en una celda a otros dos hombres. Sin embargo, un ángel vino a liberarlo: aunque era custodiado por dieciséis soldados, el ángel entró, lo liberó de sus cadenas, y pedro salió caminando por su propio pie.

Pedro y los otros apóstoles continuaron siempre fieles a su tarea; de sinagoga en sinagoga, de casa en casa, predicaban la palabra de Dios. Muchos milagros se realizaban a plena luz del día, ¡y muchos más estaban por venir!

Capítulo Treinta y Tres:
La Conversión de Saulo

"Salió Ananías, entró en la casa y le impuso las manos diciendo: 'Hermano Saulo, el Señor Jesús, el que se te apareció en el camino por donde venías, me ha enviado para que recobres la vista y quedes lleno del Espíritu Santo.'

Al instante se le cayeron de los ojos una especie de escamas y recobró la vista. Se levantó y fue bautizado;" (Hechos de los Apóstoles 9: 17-18)

Un día, los sacerdotes capturaron a un apóstol llamado Esteban, y lo llevaron a la misma sala de juicio donde Jesús había sido acusado de blasfemia. Esteban, nada temeroso, les dio un discurso sobre las antiguas profecías, de cómo los judíos cerraban sus corazones a Aquel Rey a quien Abraham e Isaac esperaron con ansias, y del pecado tan grande que cometían al negarse a

Dios. Finalmente, muy enojado, Esteban les gritó a los sacerdotes:

"Ustedes son un pueblo de cabeza dura, y la circuncisión no les abrió el corazón ni los oídos. Ustedes siempre resisten al Espíritu Santo, al igual que sus padres. ¿Hubo algún profeta que sus padres no hayan perseguido? Ellos mataron a los que anunciaban la venida del Justo, y ustedes ahora lo han entregado y asesinado; ustedes, que recibieron la Ley por medio de ángeles, pero que no la han cumplido.;" (Hechos de los Apóstoles 7: 51-53)

Y concluyó: "Y ahora, ustedes han rechazado y asesinado al hijo de Dios." Les contó su visión: Jesús, en el Cielo, se sentaba a la derecha del Padre. Aquella fue la gota que derramó el vaso. Los egoístas, ambiciosos, desconsiderados y malos sacerdotes decidieron que no podían dejar ir a Esteban, por lo que acababa de decir.

Los sacerdotes llevaron fuera a Esteban, a las murallas de la ciudad. Se quitaron las pesadas capas, y las depositaron frente a los jóvenes. Allí, apedrearon al apóstol hasta la muerte. Esteban rezó, justo antes de exhalar por última vez: "Señor, no les tomes en cuenta este pecado."

Entre la multitud que se había juntado para ver lo sucedido, estaba un joven, que cuidaba las capas de los sacerdotes. Su nombre era Saulo: él no había querido apedrear a Esteban, pero se preguntaba sobre las razones de Esteban para enfurecer a los sacerdotes.

Como los apóstoles estaban haciendo un excelente trabajo para enseñar la palabra de Jesús, llegaban a oídos de todos los sacerdotes de Israel. Y pronto, también, llegó a oídos de los romanos que los que se hacían llamar "cristianos"; porque Cristo estaba con ellos, tenían cada vez más seguidores, y eran tantos ahora, que podrían desafiar su autoridad si querían.

Los sacerdotes del templo estaban especialmente asustados. Saulo, el muchacho del que te he hablado, había sido criado en las sinagogas de los judíos, y era un experto sobre las antiguas escrituras, la Torá.

Saulo fue nombrado, por el templo y el gobierno romano, como el agente de la policía secreta que espiaría a las reuniones cristianas ilegales, e iría con los soldados para arrestarlos a todos: hombres, mujeres y niños.

Saulo estaba muy comprometido con su trabajo asignado, pues pensaba que hacía bien, y que estos cristianos que aterrorizaban a todos debían recibir su merecido. Los cristianos huyeron a otros países, lo que solo contribuyó a que la palabra de Jesús se esparciera por esos lugares; pronto ya había cristianos por todo el Mediterráneo.

Saulo les pidió a los sacerdotes que escribieran una carta de presentación para él y el gobierno de Siria. La carta pediría su ayuda gubernamental para aprehender a todos los cristianos que se encontraran viviendo en Siria, y para traerlos de regreso a Israel.

Entonces, ya con la carta en mano, se dirigió con sus soldados a toda velocidad a Damasco, la capital de Siria. Saulo iba azuzando a su caballo, entre más rápido cumpliera su tarea, mejor. De pronto, una voz profunda desde el cielo le habló: "Saulo, Saulo, ¿por qué me persigues?" El caballo se encabritó, paró de golpe, y arrojó a Saulo a la tierra. Él, adolorido, preguntó a la voz: "¿Quién eres?". La voz le contestó que era Jesús.

Saulo continuó: "¿Qué debo hacer?

Jesús le dijo que siguiera hasta Damasco, y que esperara allí. Cuando Saulo intentó levantarse, se dio cuenta que... ¡se había quedado ciego! Los soldados lo ayudaron a levantarse, y en Damasco le consiguieron una posada.

Luego, Jesús se le apareció a un discípulo, Ananías, y le pidió que fuera a encontrar en la posada, a un hombre llamado Saulo, para bautizarlo. Ananías protestó, pues conocía a Saulo y sus acciones pasadas; tenía miedo. Jesús le aseguró que no debía preocuparse. Saulo sería el recipiente elegido por Él para llevar la Palabra a los gentiles. Ananías entonces, estuvo de acuerdo, e hizo lo que Jesús deseaba; en la calle llamada Derecha, en la posada que Judá administraba, encontró a Saulo.

Ananías atestiguó a Saulo sobre Jesucristo, su ministerio en la tierra, los Milagros, y las profecías que hablaban sobre un Mesías. Como Saulo conocía las escrituras, comprendió que Jesús era el Mesías. Ananías le impuso las manos, y Saulo recuperó la vista; fue bautizado y recibió el Espíritu Santo.

Saulo, en su regreso a Jerusalén, se reunió con los apóstoles. La gente aún le tenía miedo, y dudaban de su conversión; seguro era una trampa para arrestarlos a todos. Los apóstoles mandaron a Saulo a Tarso, una ciudad en Turquía, para que evangelizara sobre Jesús a los judíos que residían allí.

Los años pasaron, y las personas olvidaron el pasado de Saulo. Él se cambió el nombre a Pablo. Y el apóstol Pablo se convertiría en uno de los más influyentes e importantes de la primera Iglesia Cristiana. Las cartas de

Pablo pasaron a formar parte del Nuevo Testamento.

Pablo predicó por todo el Mediterráneo Este, en Antioquía de Siria, Chipre y Galacia.

Cuando Pablo estuvo en Galacia, fue llamado por Pedro para que regresara a Jerusalén. Los cristianos aún tenían problemas con que los gentiles entraran a la Iglesia, y que la palabra de Dios no estuviera reservada para los judíos. Los sacerdotes convertidos eran los que más tenían problemas para aceptar esto. En la reunión de aquel día, Pedro les contó sobre las maravillas que se habían efectuado entre los gentiles; Santiago, el hermano de Jesús, dijo que, para calmar los ánimos, les enseñarían cuáles prácticas comunes para ellos, estaban prohibidas para los judíos, y que estuvieran felices de los gentiles unidos al Reino de Dios.

Pablo continuó enseñando en Tesalónica y Corinto, en la zona de lo que hoy es Turquía. Después en Atenas, Grecia. Pablo escribía, inspirado por el Espíritu Santo, cartas durante sus viajes, y las dirigía a las Iglesias de Asia Menor de los lugares que visitaba. Como ya hemos mencionado ,estas se convertirían en parte del Nuevo Testamento. Pablo tenía un amigo, Timoteo, un discípulo con el que había viajado a lo largo de muchos años. Timoteo conocía el idioma griego, y entonces traducía las cartas del hebreo al griego, sus cartas.

Pablo fue arrestado, amenazado y apedreado en muchas ocasiones, pero siempre confió en Dios. Eventualmente, fue encarcelado por muchos años. Después, rentó una casa en Roma. Fue en esa época que, con ayuda de su buen amigo Timoteo, tradujo al griego los Evangelios escritos por los apóstoles. Así, los gentiles también podrían leerlos.

Pablo hizo su labor hasta que fue muy viejo; atestiguó en primera fila la expansión de la Iglesia Cristiana. Las cartas que Pablo escribía a Timoteo, estaban llenas de los secretos de Dios y de Cristo; Pablo confiaba mucho en Timoteo, y sabía que entendería todas sus palabras. En su última carta a Timoteo, antes de morir, escribió que esperaba en Cristo la Resurrección y la Vida Eterna:

"Te ruego delante de Dios y de Cristo Jesús, juez de vivos y muertos, que ha de venir y reinar, y te digo: predica la Palabra, insiste a tiempo y a destiempo, rebatiendo, reprendiendo o aconsejando, siempre con paciencia y dejando una enseñanza. Pues llegará un tiempo en que los hombres ya no soportarán la sana doctrina, sino que se buscarán maestros según sus inclinaciones, hábiles en captar su atención; cerrarán los oídos a la verdad y se volverán hacia puros cuentos.

Por eso debes estar siempre alerta. Supera las dificultades, dedícate a tu trabajo de evangelizador, cumple bien tu ministerio. En cuanto a mí, estoy a punto de sacrificar mi vida y se acerca el momento de mi partida. He combatido el buen combate, he terminado mi carrera, he guardado lo que me confiaron. Sólo me queda recibir la corona de toda vida santa con la que me premiará aquel día el Señor, juez justo; y conmigo la recibirán todos los que anhelaron su venida gloriosa;" (Segunda carta a Timoteo 4: 1-8)

Capítulo Treinta y Cuatro:

Volveré a Ustedes

"Voy a llegar pronto, y llevo conmigo el salario para dar a cada uno conforme a su trabajo. Yo soy el Alfa y el Omega, el Primero y el Último, El Principio y el Fin." (Apocalipsis 22:12-13)

Cuando Cristo ascendió al cielo, él prometió que regresaría algún día como el Señor de Señores, como el Rey de Reyes. Muchas personas creyeron en Él, pero, eventualmente, murieron por sus cuerpos mortales. Sin embargo, sabían que él volvería, y los resucitaría de entre los muertos.

Jesucristo *todavía* no ha vuelto, pero lo hará. Su regreso se dividirá en dos partes: primero, él aparecerá en el cielo para llevarse al Paraíso a todos aquellos que creyeron en Su Palabra, o que renacieron en el Espíritu Santo. Las trompetas sonarán desde el cielo, y con el último llamado, todos aquellos que murieron en sus cuerpos mortales, obtendrán uno inmortal. Aquellos que sigan vivos, tendrán también un cuerpo inmortal. Todos nos elevaremos para encontrarnos con Jesús, e iremos al Cielo para estar con Él por toda la eternidad.

En el Cielo, cada uno de nosotros pasaremos frente a la silla bima de Cristo. No es para juzgarnos, pues la silla bima viene de los griegos, la usaban en sus juegos Olímpicos: era el podio de los premios. Cristo, personalmente, nos premiará que hemos ofrecido nuestras vidas a Él, y nos coronará con oro y piedras preciosas. En el Cielo, nos encontraremos con nuestros amigos y familiares, haremos nuevos amigos, y pasaremos la eternidad juntos.

Cuando los cristianos abandonen el mundo, sobrevendrá un tiempo para los que queden. Al Demonio se le concederá el poder absoluto sobre la tierra por siete años. Sucederán terribles desastres naturales. Dios quiere que más nuevos cristianos acepten Su Palabra durante este tiempo, para que un mayor número de personas se salven en el amor de su Hijo. Será terrible que vivan tiempos tan oscuros, pero Dios promete que también vivirán en Cristo.

Cuando pasen los siete años, Cristo y todos sus seguidores bajarán a la tierra, unificados en un solo ejército poderoso, y derrotarán a los que no se conviertan, y a los demonios. El diablo será encadenado por más de mil años. Los nuevos cristianos serán también inmortales, y vivirán juntos mil años en la Tierra con Jesús. La tierra será reconstruida como el Nuevo Jardín del Edén.

Dios, en su infinita misericordia, daría una oportunidad más a Lucifer para que se redima. Sin embargo, el Diablo es malo, y jamás lo hará; entonces, él será arrojado al eterno lago de fuego para ser castigado para siempre.

Dios resucitará al resto de las personas, y los juzgará según sus acciones en vida. Él dará la vida eterna a aquellos que no hayan seguido a

Cristo, pero que, a lo largo de su vida terrenal, fueron honestos e hicieron lo mejor para sus familias. Los que han sido malos, desaparecerán para siempre.

Este es el futuro que Dios promete para la Eternidad:

"Y vi un cielo nuevo y una tierra nueva, pues el primer cielo y la primera tierra habían desaparecido y el mar no existe ya. Y vi a la Ciudad Santa, que bajaba del cielo, de junto a Dios, engalanada como una novia que se adorna para recibir a su esposo. Y oí una voz que clamaba desde el trono: 'Esta es la morada de Dios con los hombres; Él habitará en medio de ellos; ellos será su pueblo y Él será Dios-con-ellos; Él enjugará las lágrimas de sus ojos. Ya no habrá muerte ni lamento, ni llanto ni pena, pues todo lo anterior ha pasado.' Y el que estaba sentado en el trono dijo: 'Ahora todo lo hago nuevo.' Luego me dijo: 'Escribe, que estas palabras son ciertas y verdaderas.' Y añadió: 'Ya está hecho. Yo soy el Alfa y el Omega, el

Principio y el Fin. Al que tenga sed yo le daré de beber del manantial del agua de la vida. Esa será la herencia del vencedor: yo seré Dios para él y él será un hijo para mí.

Después el ángel me mostró el río de agua de la vida, transparente como el cristal, que brotaba del trono de Dios y del Cordero. En medio de la ciudad, a uno y otro lado del río, hay árboles de la vida, que dan fruto doce veces, una vez cada mes, y sus hojas sirven de medicina para las naciones. No habrá ya maldición alguna; el trono de Dios y del Cordero estará en la ciudad, y sus servidores le rendirán culto. Verán su rostro y llevarán su nombre en la frente. Ya no habrá noche. No necesitarán luz de lámpara ni de sol, porque Dios mismo será su luz, y reinarán por los siglos para siempre." (Apocalipsis 21:1-7 and 22:1-5).

Jesucristo reinará en esta Nueva Jerusalén por siempre, como el Rey de Reyes, y el Señor de Señores. Y nosotros estaremos a su lado por la Eternidad.

Conclusión

Gracias por haber llegado hasta el final de Libro de Historias de la Biblia para los Pequeños. Espero que la lectura haya sido muy edificante, y que te provea de las herramientas necesarias para alcanzar tus metas, cualesquiera que sean.

Mis pequeños niños, donde quiera que estén: Dios está con ustedes. Aunque no puedan verlo, o tocarlo con sus manos, Él está presente en la alegría y bondad de sus vidas. Pueden charlar con Dios con solo pensarlo, no necesitan hablarle a viva voz. A Él le gustará si le hablan sobre la majestad de las estrellas, sobre la luz y consuelo que traen el sol y la noche, sobre lo ágiles que son los pájaros, o la belleza de las flores; lo refrescante que resulta el agua fría, o lo amistosos que son tus amigos animales. Quiero que sepas que Dios te escucha; cuando te diviertes, cuando disfrutas una rica comida que él proveyó, cuando te sientes muy bien al ser considerado y amable con tu prójimo. Ojalá que tus oraciones, la gratitud por las bendiciones que recibes cada día, te ayuden siempre a que entiendas, y sientas contigo a tu lado, a Dios.

Por último, que este libro te lleve a un conocimiento más profundo de Dios y su Hijo, Jesucristo, para que creas, y reconozcas a Cristo como tu Salvador personal; que el Espíritu Santo te conforte y llene con la promesa de la vida eterna.

"MUY CERCA DE TI ESTÁ LA PALABRA, YA ESTÁ EN TUS LABIOS, Y EN TU CORAZÓN" Ahí tienen nuestro mensaje, y es la fe. Porque te salvarás si confiesas con tu boca que Jesús es el Señor y crees en tu corazón que Dios lo resucitó de entre los muertos. La fe del corazón te procura la justicia, y tu boca lo proclama, te consigue la salvación." (Romanos 10:8-10)

Si tienes alguna pregunta acerca de lo que has leído, ¡pregunta a tus padres o tutor! Estoy segura que estarán felices de que quieras hablarlo con ellos.

Alaba a Dios y a su hijo, Jesucristo, Señor de Señores, Rey de Reyes.

¡Que así sea!

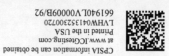

CPSIA information can be obtained
at www.ICGtesting.com
Printed in the USA
LVHW041352300720
661940LV00009B/92